N & K

Jan Grossarth

VOM LAND
IN DEN MUND

Warum sich
die Nahrungsindustrie
neu erfinden muss

Nagel & Kimche

Für Frieda und Johan

1 2 3 4 5   20 19 18 17 16

© 2016 Nagel & Kimche
im Carl Hanser Verlag München
Herstellung: Rainald Schwarz
Satz: Gaby Michel, Hamburg
Druck und Bindung: GGP Media GmbH, Pößneck
ISBN 978-3-312-00692-2
Printed in Germany

INHALT

HEUTE UND MORGEN

LANDWIRTSCHAFT UND GESELLSCHAFT

Wenn es ums Essen geht, kann es lecker und genussreich werden, aber auch bitterernst. Die Leidenschaften für Land, Pflanzen und Tiere nehmen zu. Das Glück im Grünen, Selbstversorgung mit Gemüse und das liebe Mit-Tier lassen Herzen schneller schlagen. Denn Ernährung ist existentiell und für viele nicht nur ein privater Genuss, sondern Teil des Selbstverständnisses oder ein Politikum.

Ist die Nahrungsindustrie eine freundliche Ernährerin oder eine Gefahr für die Gesundheit und das Ökosystem? Aufgrund mancher Erscheinungsformen der Industrie, zum Beispiel der Massentierhaltung, ist vielen Menschen fremd geworden, was sie ernährt. Sie trauen der Landwirtschaft nicht und wollen sie anders haben. Schön, liebevoll, wertvoll, sinnvoll. Dann kommt man auch schon mal auf simple Ideen: böse Industrie! Gute Natur!

So einfach ist es nicht. Aber auch das Gegenteil wäre falsch. Von den vielen, zum Teil widersprüchlichen Forderungen an die Nahrungsindustrie sind fast alle gut begründet, aber niemals wären alle umsetzbar. Zumindest nicht, ohne auch das Beste über Bord zu werfen, das die Industrie mit sich bringt: eine hohe Produktivität.

Es geht also nicht nur darum zu erfahren, wie es den Tieren geht und ob das Brot gesund ist, sondern auch darum, was in einer Gesellschaft los ist, die so viele Ansprüche an die Landwirtschaft hat. Denn es gibt viele Antworten auf die Frage nach der Relevanz: Natürlich eine allgemeine Neugier an der Herkunft unserer Speisen, aber auch viel mehr – je nachdem, wen man fragt: Dicke oder Dünne, Veganer, Ökologen, Klimaschützer, Wasserschützer, Tierschützer, rechte Esoteriker, linke Kapitalismusskeptiker, Naturmystiker, Foodies, grüne Lifestyle-Ästheten, Biobauern, Ethiker, Bodenschützer, Naturphilosophen, Raucher oder Nichtraucher. Da wird es schnell unübersichtlich.

Wenn man sich im Falle solcher Konflikte nicht auf eine Seite schlägt, sondern beiden Parteien ein Existenzrecht zuerkennt, in diesem Fall der Industrielogik und dem, was man Gespür, Herz oder gesunden Menschenverstand nennen kann, und drittens auch der ökologischen Vernunft, dann ist man mitten drin in den Konflikten; dann wird es unbequem. Dann geht es nicht um die Kultivierung ausgedachter Gegensätze, wie «böse Industrie» und «gute Natur», nicht nur um dieses Rechthaben und Abkanzeln, wie es zum Beispiel manche Politikerinnen und Politiker perfektioniert haben, sondern um Kompromisse und Mittelwege. Dafür sinkt die Kriegsgefahr.

Wenn Zitronen bis zum Horizont reifen, das Schwein im Neonlicht döst und der Hühnerbaron auf der Flucht ist, dann sind wir in der Nahrungsindustrie. Die ist keine Industrie wie jede andere. Ihre Fabrik ist die Natur, einige ihrer, sozusagen, Maschinen sind Lebewesen. Aus dieser Besonderheit bezieht sie einerseits ihr Selbstverständnis, damit wirbt sie, und dadurch begründet sie, dass viele Milliarden Euro Steuergeld als Agrarsubventionen an die Bauern fließen. Andererseits hat sie es oft versäumt, diesem Anspruch gerecht zu werden.

Als Journalist durfte ich viel vom Land sehen. Die Reportagen, Portraits und Essays in diesem Buch machen anschaulich, worüber und warum es über Landwirtschaft so großen Streit gibt. Sie thematisieren weniger die Abgründe, Risiken und Skandale, sondern alltägliche Realitäten der Nahrungsindustrie, vor allem der Landwirtschaft. Das Buch hat nicht die

Absicht, mit dem Fernglas auf Natur und Land und Wirtschaft zu blicken und aus der Ferne Utopien oder Vorurteile zu kultivieren. Entsprechend verdichtet sind die kurzen Folgerungen, die sich aus den Geschichten ergeben, einfach, aber im Kontext der Beobachtungen hoffentlich nicht banal. Vielleicht können sie ein Beitrag sein für einen versöhnlichen Weg in die Zukunft angesichts des postmodernen Chaos' um den Teller.

Übrigens gibt es auch viele Millionen Menschen, vermutlich die Mehrheit, denen ziemlich egal ist, was sie essen, solange es sättigt und schmeckt und nicht krank macht. Und irgendwo, draußen auf dem fernen Land, gibt es auch noch Landwirte: eine viertel Million Bauern, die einen kühleren, professionellen Blick auf die Umwelt haben. Vielen von ihnen ist der kritische Chor merkwürdig geworden. Das liegt daran, dass er manchmal behauptet, man müsse die Natur vor ihnen beschützen: Vögel, Bienen, Wasser, Böden, Puten, Klima. Verständlich, dass sich viele Bauern selbst davor schützen, indem sie sich die Ohren zuhalten, was auch nicht weiterhilft; ein Selbstschutz vor Ansprüchen, denen sie in dem wirtschaftlichen Korsett, in dem sie säen, ernten und mästen, nicht genügen können. Denen machen wir Angst: scheinbar abgehoben und jenseits gesunder Bodenhaftung, die ein Landwirt meist zu haben meint. Das ist die Entfremdung zwischen Stadt und Land, die der Grund für dieses Buch ist. Denn es gibt nicht nur ein Überangebot an Milch, sondern auch ein Informationsdefizit.

GESTERN UND HEUTE

BILLIG IST IN GUTEN ZEITEN ZU WENIG

These Eins
Die Nahrungsindustrie muss sich neu erfinden,
weil die Leute hier satt sind
und jetzt Appetit auf Werte haben.

Norma, Rewe oder Aldi sind Paradiese. Sie wurden nach dem Vorbild des Schlaraffenlands gebaut. Hier wie da gibt es unendlich viele Hühnerbeine. Es gibt reife Mangos, Erdbeeren und Avocados von Januar bis Dezember. Und, hurra!, sogar Räucheraal, Kaviar, Champagner und Schwarzbrot, Kürbiskernöl, Sanddorngeist, Trüffelbutter. Ohne Zynismus: Gemessen an dem, was auf dem Teller liegt, kann ein Arbeitsloser heue besser leben als der Adel im Mittelalter. Man muss nur den Mund aufmachen.

Und doch ist nichts in bester Ordnung. Das Paradies verdient Anerkennung, aber es verdient auch Misstrauen. Es ist kein echtes Paradies, was natürlich auch viel zu viel verlangt wäre. Es sättigt, aber macht nicht glücklich. Vielleicht sättigt es auch nur heute und nicht mehr morgen; die Frage der Nachhaltigkeit. Es sättigt außerdem auf Kosten anderer, zum Beispiel von Küken, die den Schreddertod erleiden. Es sättigt auf Kosten von schönen Landschaften, von Schmetterlings- und Vogelartenvielfalt. Und sieht die Kassiererin nicht müde aus? Hat auch das die Industrie gemacht?

Und was ist das eigentlich: die Industrie? Die Industrialisierung, also Industrie-Werdung vormals handwerklich organisierter Produktion, ist gekennzeichnet durch drei Merkmale: *Technisierung, Spezialisierung* der Unternehmen und Arbeiter und *Standardisierung* der Produkte. Alles zusammen führt zu einer Effizienzsteigerung der Produktion. Die ganze Wirtschaftsgeschichte der Menschheit, nicht erst seit der industriellen Revolution, lässt sich als eine Geschichte von Effizienzsteigerungen durch Technisierung, Spezialisierung und, später, der Standardisierung erzählen. Die Erfindung eines Werkzeugs in der Steinzeit beispielsweise, einer Pfeilspitze aus Feuerstein, könnte zu differenzierter Arbeitsteilung geführt haben: von spezialisierten Jägern und Pfeilbogensteinmetzen. Dann gab es mehr Fleisch zu essen. Die Standardisierung der Produkte setzte viel später ein. Es kann nicht darum gehen, das Rad der Wirtschaftsgeschichte zurückzudrehen. Zu viele Menschen hängen von den Effizienzgewinnen ab, die der Industrialisierungsprozess brachte. Nicht nur die Nahrung, auch die Industrie ist also existentiell. Es muss darum gehen, die Industrie intelligenter zu gestalten. Das gilt auch für den Ressourcenverbrauch. Die Technisierung der Landwirtschaft seit den 1950er Jahren ging mit stark erhöhtem Erdölverbrauch einher. Die Ausbeutung der fossilen Rohstoffe hat sich in den vergangenen zweihundert Jahren so beschleunigt, dass die Nachhaltigkeitsfragen von hoher Bedeutung sind.

Doch auch die billige Butter kann einen Wert darstellen. Gäbe es, wie immer wieder über viele Jahrhunderte in Europa, noch einen Mangel an Fetten, die Leute würden vor Freude tanzen angesichts einer Butterpreissenkung. Aber den Mangel gibt es ja längst nicht mehr. Häufige Klage stattdessen: «Essen ist bei uns viel zu billig.» Etwa zwölf Prozent des Einkommens gehen dafür drauf. Zu wenig, finden manche: Denn in den Effizienzmühlen sei etwas zerrieben worden, im Produktivitätswettlauf etwas verloren gegangen. Das ist offenkundig wahr: etwa die Artenvielfalt, die Bauernhofvielfalt.

Und noch etwas ging verloren. Das, was verloren ging, suchen nicht wenige in der Gegenwelt zur Stadt, auf dem Land. In Gärten, auf Bauernhöfen, in Wellnessklöstern. Die viel bemühte *Landlust* bleibt das erfolgreichste Magazin der 2010er Jahre, mehr gelesen als der *Spiegel* oder *Die Zeit*.

Landlust, ach ja. Doch was macht das Land? Es erwidert unsere Liebe nicht. Land und Lust, das ist bloß eine platonische Fernbeziehung. Viele Leute, die sich die Bilder alter Bauernhöfe ansehen, wollen das vermutlich selbst gar nicht nachleben. Denn auf dem real existierenden Land wird es einsam. Dörfer verwaisen. Das Land entgleitet uns, die Städte hingegen wachsen wie Kürbis unter Glas. Das Land bleibt aber in den Köpfen: als virtuelles Bullerbü.

Natürlich ist auch das Land nicht das Paradies. Das würde auch ein Romantiker nicht behaupten. Viele Leute ernten Tomaten auf dem Balkon, aber auf dem Land arbeiten will kaum jemand: Spargel stechen und Blaubeeren pflücken. Es ist in natur- und ernährungsbewussten Kreisen angesagt, sich beim Bauern einen Streifen Acker zu pachten und Zucchini zu züchten oder sich ein Weideschwein beim Bauern zu kaufen, ihm einen Namen zu geben, es per Webcam beim entschleunigten Fettwerden zu überwachen, ehe das Schwein selbst zum Verzehr einlädt, doch daneben sieht die alltägliche Lebenswirklichkeit sehr urban aus: Fertigessen, Selbstoptimierung, Halbmarathon.

Was ist in der Stadt los, die so vom Land träumt? In Frankfurt am Main gibt es beispielsweise einen neuen Markt für die hippen Leute, die gutes Essen betont gut finden. Das Essen soll handgemacht und interessant sein: Craft Beer aus einer Hausbrauerei oder hessischer Döner mit Kasseler und Sauerkraut, viel Veganes. Eine Weinhandlung hat ein Regal für regionale Weine, die nach Methoden aus dem 19. Jahrhundert gekeltert sind; nicht nur pestizidfrei, sondern überhaupt ohne Zusatzstoffe, ohne Sulfite. Sie sind fünfmal so teuer wie moderner Wein. Nicht weit, in Offenbach, wurde eine brache Industriefläche in einen Urban Garden transformiert: Gurken, Flaschentomaten und Physalis wachsen aus tausend Plastiktüten, Ölkanistern, Regentonnen und Autoreifen. Im Hafencafé daneben, umgeben von Industrie und einem Kohlekraftwerk, leben Schafe im Bauwagen und freilaufende Hühner. So sieht es aus, wenn sich die Stadt das Land einverleibt: eine harmonische grüne Welt mit kurzen Wegen, Uni, Yoga, Basilikum, Döner und Bienenvölkern. Die Stadt soll das Schönste vom Land adaptieren und das Hässliche und Enge draußen lassen: Provinz, Tristesse, Kulturferne. Der grüne Lifestyle ist ein Freiheitsprojekt, aber auch eine Utopie. Und er schafft, wie jeder Freiheitstraum, der sich an konkrete Ziele koppeln lässt, wie etwa «Hundert Prozent Bio», nebenher wieder neue Moralsätze, die spießige Formen annehmen können: Werte engen diejenigen ein, die sie nicht teilen, zum Beispiel die Bauern in der Provinz. Als echtes Freiheitsprojekt hat das grüne Stadtleben Charme. Sehr schön war es in Bullerbü. Recht schön wird es in Offenbach. Wenn man einen kleinen Teil davon in die Wirklichkeit der Nahrungsindustrie holen will, dann sollte man es in einer Zeit versuchen, in der der Wohlstand es möglich macht. Also jetzt.

Drehen sich unsere Träume und politischen Talkshows ums Landleben, geht es darum, dass dieses Land bewahrt oder restauriert werden soll. Aber es geht in Wahrheit auch um Werte. Das Land ist ein Platzhalter für Werte. Viele Ansprüche an die Nahrungsindustrie sind Forderungen nach Wertverwirklichungen in der Wirtschaft. Die ist materiell orientiert: auf Wachstum und Gewinn, Zuchterfolge und Ernterekorde. Rekorde gibt es im Überfluss. Doch sehnen sich die

Menschen zunehmend nach ideellen Werten. Sie haben einen Preis, denn sie sind knapp.

Ein Unternehmen aus der Nahrungsindustrie zum Beispiel, die Firma Alnatura, macht vor, wie eine Supermarktkette Antwort auf die Wertefrage geben kann: Sie gibt auf ihrer jährlichen Pressekonferenz die Umsatzsteigerungen immer erst ganz am Ende bekannt. Erst geht es darum, was sie Gutes für die Welt getan hat: so viele Zehntausend Päckchen Sommerblumensamen verschenkt, Unterschriften gesammelt, ein neues Modellprojekt für artgerechte Hühnerhaltung gestartet. Dann erst geht es ums Geld. Das hat vielleicht etwas Scheinheiliges. Aber verkehrt ist es nicht. Schließlich muss man ja auch erst einmal Blumen verschenken, um es dann behaupten zu dürfen.

Jenseits der Fragen von Ökologie, Artenschutz, Klimaschutz und anderem ist auch die Frage zentral, wie die Industrie mit den nachvollziehbaren, wenn auch gelegentlich überschäumenden oder verträumten Wünschen nach der Verwirklichung von Werten umgeht. Die entgrenzte Ökonomisierung des Lebens findet in allen Belangen unserer Realität statt: in Schulen, an Unis, im Arbeitsleben. Auch an diesen Orten blüht die Sehnsucht nach Werten jenseits des Materiellen und der Nützlichkeitskalküle. Wertefragen waren wohl eine Weile aus dem Blick geraten. Die neunziger und nuller Jahre erscheinen im Rückblick als Wettlauf der Exporte, Aktienkurse, Lebenslaufphantasien. Er geht zwar weiter. Er ist auch nicht grundsätzlich verkehrt, aber er verliert an Akzeptanz, wenn er zum Selbstzweck wird.

Wilhelm Abel: *Massenarmut und Hungerkrisen im vorindustriellen Deutschland*, Göttingen 1986.
Andreas Möller: *Das Grüne Gewissen*, München 2013.

TIER- UND LANDLIEBE EHRLICH GEMEINT

These Zwei
*Die Nahrungsindustrie darf nicht alles dem
Effizienzdruck unterwerfen.*

Wir machen Urlaub auf dem Bauernhof. Es ist der schönste Julitag. Ein Feldweg den Hügel hinauf, rechts Roggen, links ein Weizenfeld; Weiden mit einzelnen Kühen. Fröhliche Kinder: unser kleines Mädchen in rotkariertem Kleid dreht Pirouetten und singt, es sei eine Meerjungfrau. Der kleine Junge pult Körner aus einer Weizenähre und knabbert. Grillen geigen, ein Bussard kreist. Bremsen beißen. Nacktschnecken verminen den Weg. Leiser Wind geht über die Felder. Die orange Sonne sackt in ein Roggenfeld wie Eigelb. Das Feld ist von Himbeersträuchern umrahmt; wo die Sonne war, ist jetzt Lila, Himbeeren rot, Roggen golden. Wir halten uns an den Händen und gehen den Feldweg hinab, zurück zum Bauernhof, wo die Hühner noch grasen und Ziegen dickköpfig sein dürfen. Wir trinken frische Milch, fettig und nahrhaft, und schlafen irgendwann ein.

Vogelsberg hieß unsere idyllische Urlaubswelt, im Osten von Hessen. Die Weidelandschaft hat sich hier behauptet. Vor sehr langer Zeit spuckten Vulkane unendlich viele Felssteine in die Landschaft und sperrten das Gelände gegen Traktoren und Mähdrescher. Deswegen gibt es nur wenige kleine Weizen- und Roggenfelder. Es lohnt sich kaum zu ackern. Der größere Teil der Landschaft besteht aus Grasland. Da weiden Kühe, mit denen es ist wie im antiken Mythos vom Dornauszieher: Ihre Schönheit kommt daher, dass sie nicht um ihre Schönheit wissen. Die Landschaft hat ihre Schönheit, weil niemand sie inszeniert hat. Es ist absichtslos geschehen, es ist so gekommen und lebt so vor sich hin.

So wünscht man sich die Nahrungsindustrie. Dieses Naturglück im Sommerurlaub war echt und hat es nicht verdient, verspottet oder ironisiert zu werden. Man sollte die glücklichen Momente ernst nehmen. Das sind die Bilder, die ein Leben lang bleiben. Wenn es nur noch vernünftige Sojawüsten gäbe und gackernde Masttiermassen, beraubte man die Menschen dieser Bilder. Wären Effizienz und die «Wir müssen die Welt ernähren»-Doktrin der Industrie der einzige Maßstab der Nahrungswirtschaft und Agrarpolitik, dann dürfte dieser wunderbare Vogelsberg gar nicht mehr sein. Doch es muss diese bäuerlichen Naturlandschaften schon deswegen weiter geben, weil sie den Menschen guttun und sehr wahrscheinlich auch den Tieren.

Nach solchen Erlebnissen kann man dort, wo die Nahrungsindustrie zu Hause ist, lange suchen – wie zum Beispiel in den Schweizer Alpen, wo es zwar hochsubventionierte Weidekühe gibt, etwa im Gruyère-Tal, das Land aber auf rätselhafte Weise kitschig geraten ist, nicht wie eine Fabrik, sondern wie Heimattheater: Grüne und himmelblaue Tapeten, ein Strahler aus Sonnenlicht. Natur, die die größere Freude macht, ist nicht inszeniert, sondern ist einfach so da.

In den vergangenen Jahren habe ich als Journalist viele Facetten der Landwirtschaft beobachten dürfen und mir Argumente angehört, die dafür und dagegen sprechen, dass es so ist, wie es ist. Mich interessierten die Gründe für die Konflikte, und wie es wirklich aussieht in der Landwirtschaft. Die Schlagworte können so missverständlich sein, etwa: konventionell oder bio, industriell oder bäuerlich. Das sind leere

Worte. Man braucht Beobachtungen, um sie mit Inhalt zu füllen. Und Gespräche mit Menschen, die das kennen und schon viel darüber nachgedacht haben.

Ich beobachtete Extreme und die sogenannte Normalität. Ein Extrem ist der Selbstversorger, der von dem lebt, was der Wald und der Bach und die Wiese hergeben. Die extensive Wirtschaft vom Vogelsberg, unsere heile Urlaubswelt, ist gemessen an der Norm fast schon ein Extrem. Sie ist ästhetisch sehr ansprechend, aber man sieht auch hier die Kehrseite: Sie bringt den meisten Bauern kein großes Einkommen. Überall verfallene Höfe, man kann sie für einen Spottpreis kaufen, und sie stehen doch leer. Die meisten Bauern arbeiten woanders und landwirtschaften nur noch nebenher. Ich habe mir Agrarindustrie angeschaut, Putenställe, Bauernfunktionäre, ich habe in eine Walnuss in monumentaler Walnussmonokulturlandschaft in Kalifornien gebissen, Gensoja probiert, Panflötenklänge in westfälischen Schlachtfabriken gehört, wo am Tag fünfundzwanzigtausend Schweine ankommen. Und dann verbrachte ich auch einmal viele Stunden in einem zeitgenössischen Schweinestall.

Andreas Weber: *Lebendigkeit: Eine Erotische Ökologie*, München 2014.

HOTEL SCHWEIN

These Drei
Die Nahrungsindustrie soll Tieren
ein abwechslungsreicheres Leben bereiten.

Mit dem Schwein ist es wie mit dem Photon in den Experimenten der Quantenphysik. Indem man es beobachtet, verändert man sein Verhalten. Wie geht es dem Schwein heutzutage? Der Stall, in dem die Antwort zu finden ist, steht im Nieselregen wie ein Raumschiff. Wer reingeht, scheucht die Tiere auf. Sie springen hoch und grunzen wild. Wenn man vorsichtig von draußen durch das Fenster des Stalls hineinsieht, so dass die Schweine es nicht merken, sieht man die Wirklichkeit: große Müdigkeit. Zweihundert Schweine liegen auf dem Plastikboden und schlafen. Jetzt. In einer Stunde. Fünf Stunden später auch. Nur manchmal fressen ein paar, manchmal kämpfen zwei.

Sie mögen die Wärme und das Träumen und schlafen dicht aneinander. Sie haben es gern ruhig und warm und satt, die Schweine. Zumindest bei den gegebenen Umständen, in denen sie leben. Sie kennen es nicht anders. Sie kennen es nur ohne Bäume und Wühlschlamm, ohne Schneeregen, Erkältungen, Würmer und ohne andere Tiere, die sie ärgern. Alle Unannehmlichkeit wird aus dem Leben herausgehalten, damit sie gut fressen und fett werden. Sie haben keine Sorgen hier, in dieser tristen grauen Halle.

Auf dem Masthof in Westdeutschland leben zweieinhalbtausend Schweine und zweihundert Säue mit Ferkeln. Und ein

Eber. Sie leben wie die meisten der knapp dreißig Millionen deutschen Schweine. Bis zur Schlachtung haben sie sorglose zwanzig Wochen. Das Leben beginnt im Ferkelstall. Zweihundert Ferkel stehen in dem Saustall bei ihren Müttern in Parzellen. Dreizehn Neugeborene hat etwa Sau Nummer 6078, welche selbst am 12. Februar geboren wurde in einem modernen Zuchtsauen-Erzeugungsbetrieb im Sauerland. Diese Ferkel hier sind, so steht es auf einem Zettel, der über der Sau 6078 von einem Bindfaden hängt, ihr vierter Wurf. Die Sau darf so lange leben, wie sie gut wirft. Manche werden fünf Jahre alt. Kommen weniger Ferkel, kommt die Sau in den Schlachthof. Sie steht unter krassem Leistungsdruck, aber merkt es nicht.

Draußen schneite es am Tag der letzten Geburten, doch auch das merkte kein Schwein. Im Stall war es zwanzig Grad warm für die Sauen und achtunddreißig Grad in den Ferkelnestern. Wie immer. Die Lüftung pustete leise, die Sauen kreißten. Hier in der Abferkelbucht wird die Sau, dreihundert Kilo schwer, von Eisenstangen fixiert. Sie kann einige Zentimeter vor, zurück und zur Seite tippeln. Sieben Prozent der Liegefläche Spalten, der Rest Boden, EU-Vorschrift. Das Eisenkorsett hat der Bauer nicht gemacht, um die Sau zu ärgern. Sondern damit sie keins der kostbaren Ferkel plattdrückt. «Das ist praktizierter Tierschutz», sagt er mit staatstragendem Ernst. Ganz wegsperren kann er den Tod aber nicht. Eins von zehn Ferkeln überlebt nicht. Die anderen sind versorgt. Sie bekommen vier Impfungen, damit sie gesund bleiben. Die Männchen erhalten eine Betäubungsspritze, bevor ihre Hoden entfernt werden. Allen Ferkeln werden auch die Schwänze abgeschnitten, damit die Schweine sie einander nicht später abbeißen. Das Kupieren tue ihnen nicht weh, behauptet der Bauer. Aber bald wird es verboten sein; die Grünen im

Land haben sogar schon eine Ringelschwanzprämie ausgelobt, jawohl: Rin-gel-schwanz-prä-mie. Sechzehn Euro für jeden heilen Ringelschwanz im Schlachthof, wenn eine Mindestquote an heilen Ringelschwänzen erfüllt ist.

Der Bauer spricht von seinen Tieren wie ein Hotelmanager über seine Gäste. «Dem Schwein ging es nie so gut wie heute in diesen Ställen», behauptet er. «Wir versuchen, dem Schwein alle Umwelteinflüsse abzunehmen.» Er hat gar keinen Blick mehr dafür, dass genau das für viele Leute, die seine Kunden sind, das Problem ist. Der Lebenszyklus: In den ersten drei Wochen bleiben die Ferkel bei ihrer Mutter. Die Sau liegt oder hockt im Eisengerüst und hat, wie der Bauer mehrfach betont, immer «reichlich Futter und Wasser» vor der Nase (drei Liter Frischwasser pro Minute, EU-Vorgabe). Die Ferkel springen rum oder liegen unter dem Infrarotstrahler. Manchmal hüpfen sie auf den Rücken ihrer Mutter, wieder herunter und knabbern an ihrem Bauch. Die Zeugung der Ferkel war kein romantischer Akt. Sie sind ein Produkt künstlicher Befruchtung. Ein Eber – vier Jahre alt, lebenslang Jungfrau – läuft von Gittern getrennt vor Sauen auf und ab, um diese zu erotisieren. Währenddessen führt der Bauer den Sauen mit einer Pipette Sperma eines sogenannten Hochleistungsebers ein. Das hat er von einer Besamungsstation gekauft, die es gut gekühlt und verpackt versandte. Auf dem Lieferschein steht, der Vater des Ferkels heiße BHZP 3715, die Rasse BHZP db. 77. Nach hunderfünfzehn Tagen gebären alle Sauen dieser Kohorte. Manche mit Hilfe eines Wehenmittels. «Die BHZP-Sau, eine vitale, gesunde Sau, langlebig und ruhig», sagt der Bauer, «da kommt dieses mastige Schwein heraus, was wirklich schönen Schinken hat und einen guten Rücken.»

Diesen modernen Schweinehof betreibt eine freundliche Bauernfamilie, die nicht aussieht wie die «Agroindustrie» oder «Fleischmafia», wie sie in den Titeln populärer Sachbücher heißt. Den Hof gibt es seit Generationen. Er ist inhabergeführt, bäuerlich, und trotzdem Industrie. Sonst gäbe es ihn nicht mehr. Wahrscheinlich. Denn die Bauern taten immer, was die Berater sagten, und vielleicht hätte es ja auch andere Wege gegeben, wenn sie danach gesucht und sie gewollt hätten. Sie wollten nicht und machten dasselbe wie die meisten, denen etwas an der Zukunft lag: sich spezialisieren und wachsen. Vor dreißig Jahren mussten sich die Eltern spezialisieren und expandieren, sagten die Berater. Sie bauten zwei neue Ställe. Auf dem Hof gab es noch vor fünfunddreißig Jahren nur hundert Mastschweine, ein paar Hühner und Kühe. Im Dorf gab es etwa vierzig Bauernhöfe damals, da liefen noch vereinzelt Schweine über die Weiden, heute sind es noch vier Höfe, nicht mehr Bauernhöfe im alten Stil, sondern spezialisierte Mäster. Industrie.

In der vierten Woche werden die Ferkel von ihren Müttern getrennt, dann müssen die schon ziemlich großen und zehn Kilo schweren Tiere in den Maststall umziehen. Jetzt bekommen sie eine Identität, eine Ohrmarke. Sie stehen fortan in größeren Gruppen herum. Und nun lässt der Bauernsohn plötzlich Sentimentalität erkennen: Nun sei das Schwein in seinem Leben erstmals traurig, räumt der Bauer selbst ein, der sonst stets mahnt, das Tier nicht zu «vermenschlichen». «Etwas depressiv» sei es nun, «jeder kennt das von zu Hause, wenn man wegzieht und man sich selbst das Butterbrot schmieren muss.» Die Schweine nähmen in den ersten fünf Tagen sogar ab. Sie verweigern das Fressen, die Schulterblättchen stechen heraus. Dann aber fressen sie wieder. Jetzt ist der aufregendere Teil des Lebens vorüber. Die Mutter wird durch sogenanntes Spielzeug ersetzt. Es ist ein Plastikgerät, das an einer Eisenkette von der Decke herabbaumelt und an dessen

Unterseite sich vier Plastikstumpen befinden. Sie ersetzen die Zitzen. Die Schweine knabbern daran wie pubertierende Mädchen an Fingernägeln.

Nach weiteren drei Wochen kommen die Schweine – fünfzehn Kilogramm schwerer – in die nächste Parzelle. Gereinigt, desinfiziert. «Genauso, als wenn wir ins Hotel gehen, dann wollen wir auch ein frisch gewaschenes Bettlaken», erörtert der Bauer. Wer den Stall betritt, muss keimfreie Schutzkleidung tragen. Die Schweine sind weiter makellos rosa. Sie stehen auf grünem Plastikboden, der schmale Spalten hat, durch die der Kot fällt und das Urin tröpfelt. Unten sammelt sich die Gülle, die dreimal im Jahr abgepumpt wird. Es riecht weder gut noch widerlich, aber eher widerlich als gut. Ammoniakdünste nagen an den schweinischen Atemwegen, aber alt werden sie ja eh nicht. Wenn man ruhig bleibt, schlafen die Tiere. Die Schweine werden nur dann zappelig und laut, wenn ein Mensch hereinkommt.

Im fortgeschrittenen Alter werden sie seltsam. Ängstlicher, wenn ein Mensch sich nähert. Die ganze Gruppe springt hysterisch auf. Wirken etwas gestört. Der Mensch macht die Empörung. Sonst herrscht Langeweile.

Nun nimmt das Schwein ein halbes Kilo oder mehr am Tag zu. Das Futter kommt automatisch über Rohre in den Futtertrog, es wird automatisch gemischt, und ein Computer zeichnet auf, wie viel welches Schwein frisst und wie gut es das Futter verwertet. Er stellt Futterkurven auf und Verwertungsstatistiken. Wenn die Schweine viel fressen, merkt der Computer das und mischt für den nächsten Tag mehr Futter. Der Bauer muss nicht mehr mit der Mistgabel herumlaufen. Er muss Kurven auf dem Display beobachten. So ein Bauer muss nichts mehr von Böden, Wind und Wetter, Hühnern und Würmern wissen, sondern von Kraftfutter, Doping und Statistiksoftware. Er ist mehr wie ein Trainer von Radfahrern bei der Tour de France als ein Bauer im klassischen Sinn.

Je größer die Schweine werden, desto weniger Platz haben sie. Zum Schluss sind es weniger als ein Quadratmeter je Tier. Ab und zu beißen sie einander nun in die Schwanzstummel. Wenn eines blutet, regt das den Appetit der anderen an. Sie knabbern weiter. Wenn das der Bauer sieht, bringt er das blutende Schwein in ein Separee. «Blut ist für die wie Schokolade», sagt er, «der perfekte Ort für einen Mord: der Schweinestall. Die lassen nicht mal die Knochen übrig.» Schließlich sind die Schweine fast zwanzig Wochen alt. Sie füllen, wenn sie stehen, mit ihren massigen Körpern einen großen Teil der Parzelle aus. Oder sie schlafen aneinandergereiht in einer Ecke. Dabei zucken ihre Mäuler immer wieder, als träumten die Schweine von ihrer warmen Kindheit. In der anderen Ecke liegt der Kot. Alles ist grau. Der Spaltenboden, die Wände, auch die Schweine selbst sind jetzt schmutzig vom eigenen Dreck. Das Licht kommt aus Neonröhren, die meisten Parzellen haben auch Tageslicht, das durch Fenster hereinscheint. Die fetten Schweine wiegen hundert Kilo und haben alles Niedliche verloren. Sie müssten immer mehr Futter kriegen, um ein Kilo zuzunehmen. Das gefällt dem Bauern nicht, der sowieso nur rund fünfzehn Euro an einem Schwein verdient. Manche der Schweine werden noch einmal in einen dritten Maststall umverlegt, und auf dem Weg weht draußen kurz erstmals Wind um ihre Schweinekörper, woraufhin sie sich erkälten und Antibiotika benötigen.

Der Landwirt würde vielleicht zu Recht behaupten, Schweine seien keine Naturmystiker. Von Strohböden und Freiluftställen, wie sie Biobauern haben, hält diese Familie auch nicht viel. Da gebe es mehr Krankheiten und Ungeziefer, sie seien nicht hygienisch. Schmuddelig wie zur Zeit der Großeltern.

«Das war eine richtige Schweinerei.» Das wollen sie nicht: zurück in die alte Schmuddelwelt. Die Bauern glauben, dass ein Schwein glücklich ist, wenn es im Leben wenige Bakterien abbekommt, genug Futter und Wasser hat und sich nicht so oft erkältet. Massenschweinehaltung ist, von Ausnahmen abgesehen, frei von Grausamkeiten. Für die Tiere total bequem. Aber ist das nicht eine sehr enge Vorstellung von Freiheit – selbst wenn es hier ausdrücklich um Tiere geht? Immerhin sind Schweine intelligente Tiere.

Ich befrage zwei junge Bauern, wie sie das finden. Einer ist Bio, einer Standard. Wir diskutieren in einem alten Gutshof im Münsterland, in dem die Familie Selhorst mit drei Generationen Ackerbau und Schweinemast betreibt. Selhorst, der couragierte junge Schweinezüchter, spricht mit Angenendt, einem «Bioland»-Gegenüber. Das Kaminfeuer flackert, und auf dem Tisch stehen Schinkenbrötchen.

Herr Selhorst, ist dieser Schinken von Ihren eigenen Schweinen?
SELHORST: Nein, nein.
ANGENENDT: Wer weiß, oder?
SELHORST: Stimmt, wer weiß das.
Sagen Sie, auf welchem Ihrer Höfe sind die Schweine glücklicher – die in Ihrem konventionellen Stall mit dreitausend Tieren, Herr Selhorst, oder die hundertdreißig Bioland-Schweine in Ihren Ställen, Herr Angenendt?
ANGENENDT: Bei mir. Weil sie da artgerechter leben. Das Schwein hat mehr Platz, es hat Kontakt zur Witterung und kann im Stroh wühlen. Das ist aber, gebe ich zu, meine Empfindung, mein Glauben, es ist wissenschaftlich schwer zu sagen. Es ist eine Vermenschlichung zu fragen, wo ein Schwein glücklich ist.
SELHORST: Die letzten Sätze kann ich unterschreiben. Die

Bilder vom Schwein auf der grünen Wiese sind schon lang nicht mehr realistisch. Auch wir in der modernen Schweinehaltung tun alles dafür, dass es den Tieren gutgeht. Wir füttern optimal und schaffen ein gutes Klima im Stall. In Bioställen gibt es mehr Schadgase, weil Schweine auf dem Stroh auch in ihrem Kot stehen. Betonböden sind hygienischer. Wir haben nichts zu verstecken, wir öffnen unsere Tierställe, wenn irgendein Kindergarten anruft, und zeigen alles.

Wie reagieren die Kindergartenkinder?

SELHORST: Manchmal sagen sie einige Minuten nichts. Sie wirken schockiert, weil sie sich unter einem Bauernhof fünfzig Schweine auf der Wiese vorgestellt haben. Wie so eine Wiese nach einem halben Tag aussehen würde, darüber hat wohl keiner ihrer Lehrer nachgedacht. Back to the roots geht aber nicht mehr.

Wollen Schweine lieber auf einer Wiese leben – was sagt der Biobauer?

ANGENENDT: Jedes Tier will seine natürlichen Triebe ausleben, und das wäre beim Schwein: in der Erde zu wühlen. Ein Wildschwein sucht Würmer und Pilze und suhlt. Tierhaltung, ob Bio oder nicht, ist immer ein Kompromiss zwischen dem Nutzen für den Menschen und dem Wohl des Tieres. Es geht um die Frage, was das Tier am Ende kosten darf.

Ihre Schweine, Herr Selhorst, haben je 0,9 Quadratmeter Platz und leben auf Betonboden, Ihre, Herr Angenendt, haben draußen und drinnen je einen Quadratmeter auf Stroh. Was kostet ein Tier?

SELHORST: Hundertachtzig Euro.

ANGENENDT: Dreihundert Euro.

Herr Selhorst, würden Ihre Schweine gern mehr Tageslicht haben, im Schlamm buddeln und mehr kosten?

SELHORST: Wir haben die Tiere seit zwei Jahrhunderten extrem domestiziert. Die Bedürfnisse der Tiere haben sich geändert. Unsere Tiere können ja auch im Futter wühlen und mit anderen spielen. Wir haben viele Fenster und eine gute Klimaführung. Wenn es einem Tier gutgeht, kann es viel leisten.

Das Argument von der Domestizierung kann man auch umdrehen und sagen: Wir haben derart degenerierte Tiere geschaffen, das müssen wir revidieren.

ANGENENDT: Das tue ich! Deshalb haben auch meine Eltern vor vielen Jahren auf Bio umgestellt. Wir Bauern haben lange nur versucht, das Tier der Wirtschaft, den Ställen anzupassen. Wir versuchen es umgekehrt.

SELHORST: Ja, in der Zucht gab es einige Übertreibungen.

Wir sprechen darüber, was die Gesellschaft von Ihnen will, ob Bio besser ist, wie Sie die Diskussionen wahrnehmen. Wer von Ihnen braucht denn weniger Ressourcen?

SELHORST: Wir arbeiten, glaube ich, ressourcenoptimiert. Für ein Kilogramm Schweinefleisch brauchen wir nur noch 2,6 Kilogramm Futter, vor zehn Jahren waren das noch 3 bis 3,5 Kilogramm.

ANGENENDT: Die Zahlen kenne ich für unseren Hof nicht genau. Wir wirtschaften im Kreislauf, und zwar auf unserem Hof. So ist der Landwirt für jeden Produktions-schritt verantwortlich, Ackerbau, Futtererzeugung, Dün-gung, Tierhaltung, und kann sich nicht hinter anonymen Marktstrukturen verstecken. Interessant finde ich, dass bei Christoph Selhorst Getreide verfüttert wird, das auch der Mensch in Form von Brot essen könnte. Wir hingegen verfüttern wirklich nur Reste, zum Beispiel aus der Saatgut-Reinigung, oder Kleegras, ein Rest aus dem Biopflanzenbau. Deshalb ist das für mich die ressourcenschonendere Landwirtschaft. Getreide ist, wenn man die weltweite Nahrungsversorgung betrachtet, eigentlich zu schade als Tierfutter.

Herr Selhorst, haben Sie ein schlechtes Gewissen deswegen?

SELHORST: Da sind wir jetzt bei der Grundsatzdiskussion, ob wir uns überhaupt den Luxus leisten wollen, Fleisch zu essen. Ich esse gern sechs Tage die Woche Fleisch und lasse mir die Wurst nicht vom Brot nehmen.

ANGENENDT: Ich glaube, dass unsere Gesellschaft zu viel Fleisch konsumiert. Das ist ungesund und global ungerecht.

Sie essen gerade Schinkenbrötchen!

ANGENENDT: Ja, sehr gern. Wenn man so nett bewirtet wird!

Wer soll das richtige Maß bestimmen, wie viel Fleisch «global gerecht» ist?

ANGENENDT: Ich orientiere mich an früher. Da gab man Reste an die Schweine – und daraus ergab sich dann die Menge, die an Fleisch zur Verfügung stand. Das ist das Maß. Back to the roots!

SELHORST: Ich kann das im Ansatz nachvollziehen. Aber wir im Münsterland haben hier zum Beispiel das Ruhrgebiet vor der Tür. Und da stelle ich mir das schwierig vor, den Fleischbedarf nur aus Resten zu decken.

ANGENENDT: Stimmt, im Großen ist das schlecht möglich. Trotzdem ist die Entwicklung, immer mehr Fleisch zu essen, dafür immer mehr Sojafutter aus Entwicklungsländern zu holen, doch problematisch. Das Wachstum stößt an Grenzen.

SELHORST: Ich würde Verbraucher entscheiden lassen. Als

Landwirt richte ich mich nach deren Wünschen. Niemand ist in unserer arbeitsteiligen Wirtschaft für das große Gesamte verantwortlich. Ich meine: Wenn jeder seine Arbeit gut macht, gelingt das große Ganze.

Was halten Sie vom Grünen-Projekt einer Agrarwende?

ANGENENDT: Sie ist vernünftig, denn die Entwicklung der Agrarwirtschaft ist fast beängstigend. Wir beuten für unser Tierfutter Böden in Brasilien aus …

SELHORST: … zwei Drittel des brasilianischen Exports geht nach China. Die Globalisierung bringt uns doch in anderen Wirtschaftsbranchen auch wirtschaftlich extrem voran, warum sollen wir nicht auch davon profitieren? Was werden alles für Ängste geschürt durch eine grün angehauchte Politik! Die hat paradoxe Wirkungen. Der Strukturwandel durch Tierschutz wird im Moment nicht gebremst, sondern beschleunigt. Weil die Marge immer geringer wird pro Schwein, müssen die Bestände größer werden.

Wie stellen Sie sich die Landwirtschaft in dreißig Jahren vor?

SELHORST: Diese Frage beschäftigt mich sehr. Ich muss sagen, ich habe keine klare Vorstellung. An diesem Standort gibt es kaum Erweiterungsmöglichkeiten. Die Wachstumsschritte, die mein Vater gemacht hat, sind heute nicht mehr möglich. Es wird mehr abhängige Lohnmäster geben und weniger selbständige Bauern, das will ich aber nicht auf meinem Hof. Vielleicht werden wir weniger Tiere auf mehr Fläche halten. Es gibt auch Modelle wie Vertical Farming, wo die komplette Wertschöpfungskette der Landwirtschaft in einem Gebäude untergebracht wird. Vielleicht werden wir Biogetreide verfüttern, das aus Osteuropa kommt, weil die Ackerflächen hier viel zu teuer sind, weil Mais für die Energieversorgung angebaut wird.

Doch irgendwo wollen wir immer noch unsere Wurst auf dem Brot haben, und es werden hier Tiere in den Ställen leben. Ich will den Hof der nächsten Generation übergeben.

ANGENENDT: Vor dreißig Jahren hat der Mähdrescher ein viertel Hektar in der Stunde gedroschen, heute fünf Hektar. Die technische Entwicklung hat den Strukturwandel befördert. Und sie geht weiter.

Thomas Macho: *Schweine: Ein Portrait*, Berlin 2015.

MÄHDRESCHER IN ZITRONENPLANTAGEN

These Vier
Die Nahrungsindustrie muss für
abwechslungsreiche Landschaften sorgen.

Über das sehr große Eis Grönlands, in das der ewige Wind merkwürdige Spuren gezeichnet hat, schwebt unser sehr großes Flugzeug. Wir nähern uns dem sehr großen Amerika. Ich fliege das erste Mal nach Kalifornien. Ich will mir dort Mähdrescher angucken und die Felder, auf denen sie zu Hause sind. Was kann man über ein Land erfahren, von dem man hauptsächlich die Mähdrescher sieht? Ich erspähe erwartungsfroh die bedeutenden Brücken der silbrigen Bucht von San Francisco. Bei dieser Reise handelt es sich um eine sogenannte Pressefahrt. Ein westfälischer Hersteller von Mähdreschern hat dazu eingeladen. Solche Angebote gibt es oft für Journalisten, und man lehnt sie oft ab. Aber es ist erlaubt, sie anzunehmen, und man kann da Dinge sehen, die für die meisten Leute unsichtbar bleiben. Eben etwa Mähdrescher.

Über die Golden Gate Bridge fahren wir aufs Land. Die Landschaft: Kein freier Baum steht im endlosen Tal, das Zitronengürtel heißt und doch seine Zitronen gut versteckt hat. Es gibt nur Plantagen mit Tomaten, Walnüssen und Reis. Sie haben ein erstaunliches Ausmaß. Es heißt, die Bienen werden in Truckkolonnen hergefahren zur Bestäubung, weil Bienen in solchen gleichgeschalteten Landschaften nicht mehr überleben könnten, wo alles nur einmal im Jahr zur gleichen Zeit blüht. Manchmal überholen wir einen Truck, dessen Ladefläche voller Tomaten ist. Die Lastwagen haben viele Tomaten verloren. Die liegen matschig am Straßenrand herum. Ich esse eine. Die Sonne ist auch da. Nach einigen Stunden erreichen wir eine lange Bauernstadt: Yuba City. Die Veranden der Holzhäuser glotzen uns an. Wir besuchen einen Mähdrescher-Händler. Seine Mähdrescher sind orange angemalt und von schierer Herrlichkeit. Spannt man einen Schneidevorsatz davor, erreichen sie die Breite eines ansehnlichen Hauses.

Später begegnen wir einem vollbackigen Reisfarmer auf seinem Feld, er sitzt genau gesagt im Zwielicht im Führerhaus seines Mähdreschers. Ich darf mitfahren. Reisstaub umweht das gefällige Monster. «Wenn wir fünf Minuten fahren, ernten wir mehr als zehn Tonnen», sagt der Farmer. «Ich habe Felder vom Flughafen Sacramento bis zur Sierra Nevada. Mein Reis geht zur Hälfte nach Asien, in den Mittleren Osten, in die Türkei. Die Ernte ist gut, der Preis auch. Ein Farmer muss heutzutage schon zwei-, dreihundert Hektar bebauen, um eine Familie davon zu ernähren. Ich habe zwanzigmal so viel und muss auch nur eine Familie ernähren.» Er grinst. Der Mähdrescher hält. Ich steige aus. Zu meinen Füßen ziehen Karpfen, oder etwas in der Art, von stattlicher Größe als schwarze Schatten durch einen Wassergraben. Der Farmer sagt, die dürfe man leider nicht fangen, grillen und essen, da sie nicht in Wasser schwämmen, sondern in Pestiziden.

Hier hat der Effizienzsteigerungsrationalismus gewonnen. Mittags essen wir Cheeseburger, an einem Abend Steak in einem Lokal, das wie alle amerikanischen Lokale von einem Architekten für Mähdreschergaragen entworfen wurde. Es steht am Rand eines Autokreisels in Sacramento. Wir verlangen einen anderen Tisch, weil wir unter dem Klimagebläse leiden. Am nächsten Tag fahren wir tiefer ins Herz des blühenden Landes. Es ist kaum Regen gefallen in diesem Jahr, wie seit Jahren. Alles staubt. Alles braun. Brunnenbohrspezia-listen müssen immer tiefer bohren und finden doch kein Wasser. Riesige Entsalzungsanlagen an der Küste entstehen und sollen künftig Trinkwasser aus dem Meer filtern, doch für die Bewässerung der Plantagen wird das viel zu teuer sein. Ein Prozent des Abwassers nur wird hier wiederverwendet, in-dem man es dem Land zuführt. Ein großer Mist. In Israel, dem fortschrittlichsten Wasserwiederverwendungsstaat, sind es mehr als fünfzig Prozent.

Nach ein paar Dutzend Stunden im Van kommen wir ver-gnügt im Städtchen Tulare an, einer pittoresken Aneinander-reihung von Starbucks und Chicken-Elektro-Spielzeug-et ce-tera-Klötzen. Es arbeiten in dieser Gegend fast nur Mexikaner in der Landwirtschaft. Einer sitzt gar am Steuer des nächsten Mähdreschers, der auf einem Maisfeld um Bewunderung bit-tet. Der Fahrer erzählt, er liebe die Gentechnik, und erzählt, er kriege hier Mindestlohn, es sei sehr gut. Rasch erreicht un-sere Reisegruppe eine Mähdrescher-Werkstatt, deren Aus-maße den geneigten Betrachter zu Tränen rühren. Fotos von Mähdreschern und den Preisträgern der Zuchtschweinewett-bewerbe und Zuchtrinderwettbewerbe der letzten hundert Jahre hängen an den Wänden. Es stehen erstaunliche Trakto-ren herum. In der Werkstatt werden die Mähdrescher, ohne deren Hilfe wir modernen Menschen, entfremdet jeglichen Dreschens per Hand, verhungern müssten, zurechtgeschmiert und geschweißt. Tausend Liter Sprit braucht einer am Tag. Sie werden, weil sie so schwer sind, auf die Felder gezogen wie gestrandete Blauwale ins Meer. Mit Abschleppwagen!

Amerika ist ein verrücktes Land.

Mähdrescher, diese sensationell fortschrittlichen Maschi-nen, verfügen, ist in der Werkstatt weiter zu erfahren, über GPS-Technik und merken sich, welche Spuren sie gefahren sind, und fahren sie beim nächsten Mal dann genau wieder, um den Boden zu schonen. Unsere Ernährung hängt am Sprit und am Computer. Das Überleben der Böden an Satelliten. Wie schrecklich. Wie schön. Sie fahren hier jetzt doch schon abgasreduziert nach «Tier IV»-Norm. Entlang von endlosen manipulierten Maisfeldern erkunden wir das Land weiter. Rinderherden stehen im Mondschein in offenen Ställen; mehr als zehntausend Tiere. Der Mond spiegelt sich schon in den Gruben, in die langsam Gülle fließt und wo es nach Gülle riecht. Eine Kuh stampft auf den Boden, als ich sie aus der Nähe fotografieren will. Es spritzt. Ich erklimme einen Berg, der aus Futter hochgestapelt wurde. Der Blick ist wie ein Country-Tanz. Auch der Mond ist in Amerika sehr groß. Das alles wäre ohne Mähdrescher nicht möglich. Ich träume halbwach, ein geflügelter Mähdrescher steige vor rosa Wolken zum Himmel auf und würde da mit den Engeln die Harfe zupfen und Kreuzworträtsel lösen.

Ich glaube, wir sind in Chicago, und es ist der siebte Tag. Heute ruht Gott. Hier gibt es keine Mähdrescher. Abends essen wir ganz oben in einem sagenhaften Hochhaus und blicken über den sehr großen Michigansee über dieses sehr große Land, das seine ganze Größe und Herrlichkeit, seine kulinarische Vielfalt und seinen Wohlstand, seine militärische Potenz, den Kinderreichtum und die Freiheit den Mähdreschern verdankt, ohne dass jemals jemand dafür Danke gesagt hätte.

John Steinbeck: *Früchte des Zorns*, München 1985 [1939].

UNENDLICHE MILCHKRISE

These Fünf
*Die Nahrungsindustrie muss sich
darum kümmern, dass die bäuerliche Landwirtschaft
nicht verschwindet.*

Auf diesem Bauernhof in Rheinland-Pfalz, Frankreich ist nicht fern, stehen die Kühe im grauen Stall, fressen Brei aus Grassilage und Rapsschrot und strahlen unverschämte Gelassenheit aus. Dabei befinden auch sie sich inmitten einer Milchkrise – wieder einmal. Sechzig Tiere sind es, in einem bäuerlichen Familienbetrieb, wie es so schön heißt: Hier melken und füttern Vater, Mutter und ein Sohn, der gerade zwar Landwirtschaft studiert, aber in den Semesterferien mitarbeitet. Dann beginnt er seine Tage damit, um sechs Uhr früh träge Kühe zur Melkmaschine zu begleiten.

Der Hof liegt auf einer Anhöhe im Hunsrück, mit Fernblick über Weiden und Windräder. Man melkt hier in dritter Generation. Und gemolken werden muss immer. Auch, wenn es mal wieder nichts einbringt: Der Hof bekommt in diesem Sommer nur gut siebenundzwanzig Cent für ein Kilo Milch. Das können sie nur durchstehen, weil sie ihren alten Stall und die Geräte längst bezahlt haben. Die Bauernfamilie Vollrath, die den Hof bewirtschaftet, hält sich zudem mit Getreideanbau über Wasser. Das zweite Standbein verhindert den Absturz. Alle Jahre müssen sie zuletzt eine existenzgefährdende Milchkrise erleben: 2009, 2012, 2015. Gefährdet sind die großen Milchgenossenschaften in Ostdeutschland, frühere Genossenschaftsbetriebe aus der DDR mit Tausenden Kühen. Aber auch der Bauer Karl-Otto Vollrath mit seinen sechzig Kühen, der schuldenfrei ist, sieht die Zukunft düster: «In ein paar Jahren gibt es im Hunsrück keine Kuh mehr.» Vollrath, wie viele Bauern seit jeher dem Schwarzmalen nicht abgeneigt, ist fünfundfünfzig und will gern noch lange weitermachen. «Landwirtschaft ist eine Herzenssache», sagt er.

Die Milchkrise ist zeitgleich überall in Europa. In England und in Frankreich demolieren Bauern Supermärkte und kapern Lastwagen mit Milchlieferungen aus Polen und Deutschland nach dem Grenzübertritt. Bilder, wie sie seit Jahren durch die Presse gehen wie von Dürren und Flutkatastrophen. Aber sind es Naturgesetze? Dreißig Cent für ein Kilo. Das ist die Grenze, ab der Höfe bei derzeitigen Kosten nicht mehr an der Milch verdienen, wie sie behaupten. Weil viele Höfe sich finanziell noch nicht erholt haben, werden vermutlich mehr als in den früheren Krisen aufgeben müssen: einige Tausend in Deutschland. Es werden seit Jahrzehnten immer weniger, als sei es ein Naturgesetz. Noch gut achtundsiebzigtausend gibt es in Deutschland, vor zwanzig Jahren waren es fast zweihunderttausend. Die Preise für Milch fahren Achterbahn. Im Supermarkt gibt es einen Liter Frischmilch günstiger als manches Mineralwasser: für fünfundfünfzig Cent.

Dabei gibt es Grund anzunehmen, Milch müsse wertvoll sein. Denn die Weltbevölkerung wächst, der Export, und viele Länder können bei weitem nicht so viel Milch und Käse produzieren, wie sie trinken und essen wollen. Früher war der Milchpreis zwar stabil, aber konstant niedrig. Der durchschnittliche Milchpreis ist in den vergangenen zehn Jahren sogar deutlich gestiegen, seit der Export wächst. Aber seit der Liberalisierung geht er rauf und runter. Früher kaufte der Staat die überschüssige Milch auf. Es gab die Butterberge und

Milchseen, bis die EU ihre Agrarförderungen reformierte. Fortan sollten Landwirte Unternehmer werden. Und was passierte? Einige verdienten besser und besser und investierten. Viele kleine Höfe aber überstanden das nicht. Viele der verbliebenen tun sich bis heute schwer mit ihrer Rolle als Unternehmer in einem Markt, in dem der Preis der Produkte hüpft und purzelt wie die Puppen beim Kasperletheater. Der Milchpreis ist jetzt wie die Kurse riskanter Aktien. Spekulanten aber wollten Bauern wie Vollraths nie werden. Heute sind sie es gezwungenermaßen.

Wenn man vom Hof Vollrath im Hunsrück nur eine Stunde in Richtung Süden fährt, steht dort ein moderner Stall. Er wurde erst vor wenigen Jahren eröffnet. Der junge Landwirt, der ihn bauen ließ, wagte damit viel, und die anderen Bauern tuschelten hinter seinem Rücken, er habe sich wohl übernommen. Heute muss Jörg Brassel fürchten, es könnte stimmen. Der Dreiundvierzigjährige und vierfache Vater investierte zwei Millionen Euro. Der Stall ist sehr vorzeigbar, so gut wie hier ging es Milchkühen nie in der Weltgeschichte der Milchkühe: Er ist luftig und großzügig, das Dach sechzehn Meter hoch; für hundertachtzig Kühe gibt es dreitausend Quadratmeter Platz. Die Kühe laufen im Stall frei herum und selbständig zum Melkroboter, wenn das Euter voll ist. Brassel ist stolz auf dieses Bauwerk, und er meint, nur solch moderne Höfe hätten eine Zukunft: mit attraktiven Arbeitsbedingungen für die Mitarbeiter, tierfreundlich, optisch ansprechend. Hier riecht es sogar angenehm. Leider ist Brassel hoch verschuldet. «Jetzt stehen wir voll im Kapitaldienst», drückt Brassel es aus. Das heißt: Sein schöner Stall kostet ihn fünf Cent im Monat zusätzlich. Weil der Milchpreis so niedrig ist, muss er das Konto überziehen, um liquide zu bleiben. Für jeden Liter Milch, den er verkauft, zahlt er mindestens drei Cent drauf.

Zum Glück hat auch er ein zweites Standbein: eine Biogas-anlage. Aber lange geht es so nicht gut. Brassel sagt, er schlafe nur noch deswegen ruhig, weil er glaube, dass Gott ihn und seine Familie beschütze.

«In der Eifel hat sich jetzt wieder einer erhängt», sagt Karl-Otto Vollrath. Ein Milchbauer mit etwa dreihundert Kühen, der sich auch einen großen Kredit genommen habe. Es ist die Geschichte, die rebellische Bauern vom Milchverband BDM oft erzählen: Selbstmord wegen Überschuldung. Die Bauern hängen am Hof und am Bauersein, seit Generationen im Blut. In Kenntnis der Regel des «Wachse oder Weiche», in der Hoffnung, den Betrieb in die nächste Generation übergeben zu können, überschulden sich die Bauern für immer größere Ställe. Es gibt mehr Milch, und die Wahrscheinlichkeit für Preiskrisen steigt. Immer mehr Höfe schließen. So stirbt die bäuerliche Landwirtschaft langsam. So langsam, dass es kaum auffällt.

Die Genossenschaftsmolkerei Hochwald Foods nahe der Grenze zu Luxemburg exportiert Konservenmilch und Eiska-kao, siebzehn Prozent der Umsätze kommen aus dem Export von Milchprodukten in ferne Länder: Saudi-Arabien, Liba-non, Jemen. Weil die Preise dort stabiler sind, profitierten auch die deutschen Bauern. Sie kriegen einige Cent mehr für die Milch. Aber eben nicht immer. In Arabien und China ist diese Milch gerade wegen der Herkunft aus bäuerlicher Land-wirtschaft so geschätzt. Die chinesischen Einkäufer lassen sich die Bauernhöfe zeigen und lassen Werbefilme im Huns-rück drehen, weil sie das hier so schön finden.

Romuald Schaber: *Blutmilch*, München 2010.

GEGACKER

These Sechs
Die Industrie soll trotz allem weiter wie die Industrie denken,
denn das würde ja sonst niemand mehr machen.

Es spricht auch viel für die industrielle Tierhaltung. Zumindest für die von Hühnern. Oder?

Das moderne Huhn ist umstritten. So wie die Hells Angels, Putin oder das Betreuungsgeld. Es sei überzüchtet. Von der Agroindustrie. Wegen des Profits. Die Leute sehnen sich nach ursprünglichen, glücklichen Hühnern. Der grüne, schwarze, rote oder gelbe Bourgeois, wie alle seine Mitbürger, gibt sich zunehmend und gern als Hühnerkritiker. Wer die Zeichen der Zeit erkannt hat, hackt auf dem Huhn herum. Die Grünen ziehen für die Abschaffung des Hightech-Huhns in den Wahlkampf. Das moderne Huhn wird geradezu als Teufelswerk beschrieben. Aber wie es so glotzt und pickt und mit dem Köpfchen wackelt – würde der Teufel so etwas Harmloses schaffen?

Dies ist die Verteidigung des Huhns. Das hochgezüchtete, hocheffiziente, verteufelte Hochleistungshuhn, um das es hier geht, hat viel Schlechtes und viel Gutes. Es ist im Vergleich zu dem Ur-Huhn, das vor Jahrtausenden selbständig in den Urwäldern Asiens lebte, nicht nur arg degeneriert (schlecht!) und kurzlebig (schlecht!) geworden, sondern auch global (weil nämlich so nützlich) und ressourcenschonend (gut!). Das Huhn weist insgesamt in die Zukunft. Ökonomische, biologische und theologische Argumente sind auf seiner Seite. Es ist günstig und wird, anders als das Schwein, auch von Muslimen mit großer Freude gegessen.

Die Hühnerkritiker haben gute Argumente, aber viele übertreiben. Schon predigt der Pfarrer den Fleischverzicht. All dies verändert die Hühnerindustrie: Sie feiert famose Umsätze – aber es herrscht zugleich merkwürdige Krisenstimmung. Es heißt, junge Agrarier bewürben sich nicht mehr so oft in der Tierindustrie, weil das Image dieser Berufe ungefähr dem der Henker entspreche.

Ein «Großstadtprofil» der CDU müsste ganz unbedingt auch Hühnerkritik enthalten. Die Tierschutznovelle wird «Qualzuchten» verbieten – Tiere, die dann eben in Asien und Amerika weiter gemästet werden. Es könnte also so kommen wie mit den Billiglöhnern aus der Textilindustrie: gefertigt in Asien oder Osteuropa. Aus den Augen, aus dem Sinn, und der deutsche Hühnerkritiker hätte seinen Seelenfrieden.

Die amtlichen Verzehrzahlen zeigen die Doppelmoral: Etwa neunhunderttausend Tonnen Huhn wurden 2011 in Deutschland geschlachtet. So viel wie nie – im Jahr einiger Tierschutzskandale. Das war doppelt so viel wie noch zehn Jahre zuvor. Und dies bei sinkendem Fleischverzehr insgesamt.

Es klingt widersprüchlich, aber ist wahr: Politiker können mit Kritik an der Tierhaltung bei genau den Wählern punkten, die deren Erzeugnisse jeden Mittag essen. In der Welt aber wird sich das Hochleistungshuhn sehr wahrscheinlich durchbeißen. Wo Hunger herrscht, gibt es laut Karl Marx ja nicht mal eine Doppelmoral. Das moderne Huhn wird sich von Berlin und Brüssel nicht aufhalten lassen. Es wird Rind und Schwein mit Leichtigkeit überflügeln. Ob wir wollen oder nicht. «Das Huhn wird alles übertrumpfen», sagt Paul Aho, der größte Hühnerökonom Amerikas.

Wir stellen das Huhn in Frage. Dabei ist es die Antwort. Es gibt moralische Argumente dafür. Es ist etwa von relativ schlichtem Gemüt, es wächst schnell und braucht nicht viel. Schon in wenigen Jahren wird auf der Welt mehr Hühnerfleisch als Schweinefleisch gegessen werden, sehen die Vereinten Nationen voraus. Megawachstum in Asien und Afrika. Das Huhn ist, wie Zukunftsforscher sagen würden, ein globaler «Megatrend» (Matthias Horx). So wie die Urbanisierung oder «die Frau» (Horx). Das Huhn ist so günstig wegen einer Choreographie von Tierzucht-, Pharmaindustrie und Veterinären in den vergangenen fünfzig Jahren. Die Preise für Hühnerfleisch sind über Jahrzehnte trotz Inflation fast konstant geblieben. Bei keinem Tier waren die Zuchtfortschritte so enorm. Der Futteraufwand für das Fleisch halbierte sich seit den sechziger Jahren, die Mastdauer auch. Das war möglich, weil das Huhn so eine kurze Generationenfolge hat – kaum zwei Monate. Es dauert also viel länger, ein «effizienteres» Schwein oder Rind zu züchten. Und war nicht auch Omas Suppenhuhn vor fünfzig Jahren, über Jahrhunderte domestiziert, nicht mehr in der Lage, allein im Wald zu überleben? Schon dieses: «entartet»?

Geflügel war lang ein Luxusprodukt. In den notorisch fleischknappen Jahrhunderten von 1400 bis 1900 lag es zum Beispiel nur auf dem Teller der Superreichen. Das Huhn ist, verglichen mit Schwein und Rind, nicht klug, auch wenn es eine gewisse Sensibilität besitzt. Es kriegt nicht viel mit von seinem Ende im Schlachthof, anders als Schweine. Die vermutete Intelligenz eines Tieres ist für Menschen der wichtigste Grund dafür, vom Verzehr abzusehen oder eben nicht, ergab eine Studie kanadischer Wissenschaftler. Zudem erweckt sein Antlitz wenig Mitgefühl. Der Studie nach verabscheut der Mensch Tiere, die sehr hässlich sind (wie zum Beispiel Koyote, Nacktmull) oder die sehr niedlich sind (wie Dalmatiner, Katze). Dafür verspeist er gern solche Tiere, die einen neutralen Wert annehmen (nachzulesen im Fachheft *Appetite*). Das Huhn ist auch umweltfreundlich: Kein anderes Tier braucht so wenig Futter zum Großwerden. Gut anderthalb Kilo das Huhn für ein Kilo Schlachtgewicht, viel mehr als das Doppelte braucht Schwein oder Rind. Für Tierfutter wird Soja aus Südamerika importiert. Das Huhn tut dem Regenwald also gut, weil es weniger braucht. Seine Ökobilanz ist vorbildlich. Zwölf Prozent der täglich verursachten Kohlendioxid-Emissionen eines Deutschen entfällt auf den Verzehr von einem Kilo Hühnerbrust und -schenkel – das ist weniger als von einem Kilo Schwein oder Rind.

Die Attacken auf das Wirtschaftsprodukt Huhn, das sich viele wilder, freier und natürlicher wünschen, sind vielleicht auch ein Spiegel des gewaltig wiederkehrenden Konflikts um die Zivilisation an sich. Über Arbeitsteilung, Technisierung, Globalisierung und Entfremdung. Selbstmitleid schwingt heimlich mit, wenn wir über das billige, entartete Massenhuhn schimpfen. Es ist eine Projektionsfläche. Auch unsere Büros: Massentierhaltung. Auch wir: nervös und hyperaktiv. Auch unsere Kinder: schnellwachsend, hochgezüchtet, Wirtschaftsprodukte.

Was hatte Gott mit den Hühnern vor? Schuf er sie als zum Glück befähigte Wesen? Heinrich Heines Gott, der ihm angeblich mal im Traum erschien, warf die Welt wie ein Saatkorn in den Kosmos. Heine aber sah im Traum, dass Hühner diese Saat aufpicken, bevor eine schöne Blume aus ihnen erblühen konnte (er nannte sie Kant oder Fichte). Dies ist vielleicht ein eher schwaches, aber auch ein Argument dafür, dass man sie – die Hühner – essen darf.

Ob das Hühneressen gut oder böse ist, war kürzlich auch

Gegenstand einer wissenschaftlichen Tagung. Bei vegetarischer Kost im Tageslicht und Hirschbraten in der Dunkelheit der Nacht diskutierten führende Vertreter der akademischen Disziplin Ernährungsethik in Regensburg, was der Mensch überhaupt noch essen dürfe. Jeder hatte ein anderes Thema, aber fast alle sprachen vom Huhn. Der Anthropologe Gunther Hirschfelder etwa begann mit einem flammenden Plädoyer für das Federvieh. Und zwar weil es so genügsam ist und in jedem Haushalt einfach so mitleben kann. «Es kann unter dem Küchentisch sitzen und picken, es kann sich im Garten fast allein ernähren.» So sei es ein Anker in Krisenzeiten. Das hörte man auch von krisengebeutelten Griechen, die sagen: Wir ziehen aufs Land zurück und werden die Krise schon überleben, bei euch in Deutschland wäre es anders, denn wir hier haben immer noch ein Suppenhuhn im Garten. Das Huhn hat die ideale Größe. Es kann fast gänzlich gegessen werden (obgleich man hierzulande fast nur noch die Brust mag). Das Gewicht des Huhns – anderthalb Kilogramm – ist wie erfunden für Entwicklungsländer. Dort mangelt es an Kühlschränken. Wohin in Äthiopien mit sieben achteln Rest-Rind? Vom Huhn bleibt nichts übrig.

In Regensburg also stritt man auch über die Unarten der modernen Hühnerwirtschaft. «Wie krass diese Handelsströme sind», kritisierte Matthias Tanzmann von der evangelischen Organisation Brot für die Welt. «Wir müssen uns fragen: Wie viel Fleisch steht jedem zu?», forderte der Philosoph Harald Lemke und meinte: «Die vorherrschenden Strukturen machen es der Bevölkerung leicht, sich im kapitalistischen Schlaraffenland wohl zu fühlen und sich ethisch ungut zu ernähren.» Doch neben den Paternalisten, die den Leuten ihren Speiseplan diktieren möchten, sprachen auch Freunde der Freiheit. Und die gaben sich gleichsam als Freunde des Huhns.

Der Biobauer Thomas Dosch behauptete, «dass das Thema nur deshalb hochgespielt wird, weil das Tier flauschig ist».

Das Huhn polarisiert. Dabei könnte es vereinen. Das Huhn ist so nah am Tofu wie kein anderes Tier. Zumindest zeigten Marktstudien, dass viele Verbraucher Huhn nicht als Fleischmahlzeit wahrnehmen, sondern als Fleischersatz. Daher appellierte, um diesen in ihren Augen Pseudo-Vegetariern diesen Ungeist auszutreiben, die Veganerorganisation Peta: «Hühner, Enten und Truthähne sind kein Gemüse.» Es muss aber keinen Krieg geben. Es gibt einen Ausweg. Er wackelt mit dem Köpfchen und sagt: «Gack, gack, gack.» Es ist der Humor.

Gunther Hirschfelder (Hg.): *Was der Mensch essen darf*, Springer 2015.
Beate und Leopold Peitz: *Hühner in meinem Garten: Alles über Haltung und Ställe*, Stuttgart 2012.

EIN SCHWEIN ZERFÄLLT IN
TAUSEND TEILE UND ZERSTREUT SICH
AUF DEM WELTMARKT

These Sieben
*Die Nahrungsindustrie muss nicht zur
Globalisierungsgegnerin werden.*

Im Jahr 2014 ereignete sich ein seltenes Experiment. Der launische Staat Russland, der einstweilen mehr Milch und Käse importierte als jedes andere Land auf der Welt, sperrte plötzlich die Handelswege für Lebensmittel aus der EU und Amerika. Jetzt konnte man sehen: Bricht in westlichen Ländern die exportorientierte Nahrungsindustrie zusammen, wenn ein großer Kunde wegfällt? Wie viel Unsicherheit steckt, diesbezüglich, in der Globalisierung?

Am Beispiel des Schweins kann man sehen, was passiert, wenn ein so großer Kunde wie Russland nichts mehr kauft. Die Russen mögen Schwein. Und wo waren nun all die Schweine hin? Beim Bauern Peter Seeger nicht mehr. «Der Lkw kam auch nach dem Boykott jede Woche und lud einhundertsiebzig Schweine auf, so wie immer», erinnert sich Seeger. Er mästet die Tiere etwa fünf Monate, dann holt sie der Händler. Seeger weiß nicht, wer seine Schweine nun isst, wenn es nicht mehr die Russen sind. «Ich kann als Landwirt auch nur das mitteilen, was ich von den Verbänden mitbekomme und in der Fachpresse lese. Wo das Schwein aber gegessen wird, da habe ich keine Ahnung.»

Mehr weiß vielleicht der Schlachtkonzern. Denn dahin

bringt der Händler das Schwein. Zum Beispiel in die Schlacht-höfe von Tönnies im westfälischen Rheda-Wiedenbrück, wo es in jeder Schicht Hunderte Arbeiter gibt, moderne Büros und ein Fußballstadion für die elf Betriebsmannschaften. In Gängen, die vom Hauptgebäude ins Schlachthaus führen, geht es zu wie im Flughafen, wenn Schichtwechsel ist: wu-selnd geschäftige Leute in schnellem Schritt. Tönnies schlach-tet fünfzehn Millionen Schweine im Jahr. Aber auch hier sind keine Schweineberge zu sehen, wie die Firma Tönnies, die von Wladimir Putins Freund Clemens Tönnies geleitet wird, «nach Rücksprache mit Herrn Tönnies» mitteilt – auch wenn Russland «als wichtiger Abnehmer von Speck und Fett-Arti-keln» fehle. Daraus werde nun aber eben Schmalz, für den es andere Märkte gibt.

Auch in anderen Schlachtunternehmen ist die Gelassenheit verblüffend. Bei Westfleisch in Münster wurde der Boykott als so harmlos wahrgenommen, wie wenn ein Frontsoldat einen Kratzer spürt. In einem von fünf Schlachthöfen seien knapp zehntausend Schweine weniger in der Woche geschlachtet worden. Für eineinhalb Wochen. Dann hielt das Team vom internationalen Export eine Krisensitzung ab. Sie entschie-den, mehr Fleisch in andere EU-Länder zu liefern, und es wurde wieder wie zuvor geschlachtet. Es sei kein Problem, gefrorene Schweineschultern, Bauchteile «oder Barbecue-Items wie Ribs oder so» irgendwem auf der Welt zu verkaufen, sagt der Vertriebsleiter Egbert Klokkers. «Wir kriegen nur die Wertschöpfung nicht mehr so hin wie zuvor. Russland war einer der attraktivsten Märkte, und nach Russland liefern zu dürfen war in der Branche so eine Art Ehre.»

Die Fleischkonzerne lieferten nun verstärkt nach Japan, Korea, Mexiko und China. Oder auf die Philippinen. Dorthin unternahm eine Delegation des Exportförderverbands German Meat eilends eine sogenannte Exportförderreise. «Russland verhielt sich schon volatil, dann haben wir eben die Philippinen aufgetan», berichtet ein Teilnehmer. Mittlerweile haben die großen Schlachtkonzerne wie Tönnies, Vion oder Danish Crown überall im Schweine essenden Ausland Verkaufsbüros. Sie wurden in den vergangenen mehr als fünfzehn Jahren eröffnet, weil die Bauern in Deutschland plötzlich mehr Schweine mästeten, als im Land gegessen wurden. «Im Export ist es so: Eine Tür fällt zu, und zwei andere gehen auf», sagt Egbert Klokkers. Die Globalisierung, die die Leute oft beunruhigt, sorgt in der Fleischindustrie für Tiefenentspannung.

Schließlich darf man bei der Suche nach den Schweinen auch die Mafia nicht vergessen: Sie ist hochspezialisiert darin, Lebensmitteletiketten zu fälschen. Manches deutsche Schwein könnte schon heute ein chinesisches, weißrussisches oder schweizerdeutsches sein. Weißrussland lieferte schon kurz nach dem Beschluss des Embargos erstaunliche Mengen an Zitrusfrüchten, Parmesan und Meeresfrüchten nach Russland.

Und was ist mit den fettigen Teilen, die eigentlich nur den Russen schmeckten: Wer kauft die? «Speckigkeiten» nennt man sie liebevoll im Jargon der Fleischindustrie. Die Fett-Teile, etwa Schwarten oder Rückenspeck, verloren die Hälfte an Wert. Für die Speckigkeiten aber gibt es, wenn sie niemand mehr essen mag, Hunderte andere Verwendungen. Man kann zum Beispiel Seife daraus machen, Wachsmalstifte, Shampoo, Kerzen, Wachs für den Parkettboden oder Meisenknödel. Die Künstlerin Christien Meindertsma hat das in einem verblüffenden Fotobuch nachgezeichnet. Nur die Hälfte des Schweins ist Fleisch, der Rest besteht aus Knochen, Innereien, Blut, Fett, Haut und Borsten. Auch davon wird nichts weggeworfen. Ein

Teil wird weder zu Tierfutter noch zu Wurst, sondern zu Konsum-, Kosmetik- oder Industrieprodukten verarbeitet. Die Spuren von Hunderttausenden Tonnen Schwarten verlieren sich auf merkwürdige Weise. Die Saria-Gruppe im Münsterland, zu der etliche Tochtergesellschaften gehören und die mehr als sechstausend Mitarbeiter hat, macht vieles aus Schweinefett. Zum Beispiel Biodiesel für Ölkonzerne wie BP oder Shell. Auch Tierfett fließt darin ein, weil es großzügig von der EU gefördert wird. Sind darin also von Putin verschmähte Schweine? Bei der Saria-Gruppe weiß man es nicht. «Wir würden, wenn wir Tierfett einkaufen, niemals danach fragen, ob das vom Huhn, Schwein oder Rind kommt», sagt der Geschäftsführer der Tochtergesellschaft Ecomotion, Robert Figgener. «Sondern wir würden fragen: Wie hoch ist der Gehalt an Fettsäuren, Schmutz und Wasser?» In der Tat kaufe Ecomotion derzeit Fett sehr günstig ein. Aber nicht wegen Putins Reaktion auf die europäischen Sanktionen, sondern weil die Ernteprognose für amerikanisches Soja gut war, dies den Weltmarktpreis für Pflanzenfett drückte und den für Tierfett gleich mit hinabzog.

O Gott, wie kompliziert ist die moderne Welt der Speckigkeiten! Die Saria-Gruppe extrahiert aus schweinischen Rohstoffen dann auch noch Enzyme und Hormone für die Pharmaindustrie: Aus Schweineknorpel wird ein Medikament gegen Arthrose gewonnen, aus der Bauchspeicheldrüse Pankreatin gegen Erkrankungen der Bauchspeicheldrüse, das Heparin aus der Darmschleimhaut taugt zur Arznei für die Lunge. Aus Schweineherz und Knochenmehl wird Hundefutter, aus dem Darm Wurstpellen. Die werden aus europäischem Schweinematerial in China gefertigt und wieder zurück in die EU geschickt. Und nach England wird eine Menge Schweinefett verkauft, weil dort Fish & Chips darin frittiert werden.

Die Landwirtschaft hatte, das wusste man ein Jahr später noch genauer, die Katastrophe einigermaßen unbeschadet überstanden. Der Milchpreis ging zwar zurück, aber das hatte vor allem mit einer steigenden Weltproduktion zu tun und dem allgemeinen Preissturz für Öl und alle Agrarrohstoffe. Deutschland exportierte in der Summe zum Beispiel sogar noch mehr Käse und Kondensmilch als zuvor. Polen, das von allen Ländern am besorgtesten war, schaffte entgegen der Erwartung laut den Schätzungen einen Rekordexport. Was kann man sonst von dem Experiment lernen? Ganz einfach, wie weit die Nahrungsindustrie verzweigt ist, mit anderen Industrien vernetzt, global verästelt und verwinkelt. Die vielen Tiere und sogar ihre Knochen und Häute und ihr Blut sind Rohstoffe. Entschiede ein Politiker, dass weniger Tiere gemästet werden, zöge das weitere Bremsspuren. Vielleicht würden ja sogar manche Medikamente knapp. Aber nein: Die würden einfach woanders hergestellt.

Deutsche Landwirtschafts-Gesellschaft: *Weltagrarhandel*, Frankfurt 2014.
Christien Meindertsma: *Pig 05049*, Kopenhagen 2011.

GLAUBENSKRIEG AUF DEM LAND

These Acht
Die Nahrungsindustrie muss
die Tierbedürfnisse ernst nehmen.

Das Herz, oder besser: der Kopf der globalen Geflügelzucht-industrie liegt im Oldenburger Land. Hier erblickt ein großer Teil der europäischen Hähnchen und Puten das Licht der Welt, ehe es ihnen routiniert bald wieder ausgeknipst wird. Hier gibt es nicht nur Mastanlagen, Zuchtkonzerne, Futter- und Technikfirmen, die mit ihrer Zuchttechnik in der Welt führend sind, zum Beispiel sind das die filigranen Firmenge-flechte mit den pragmatischen Namen EW, PHW oder Deut-sche Frühstücksei. Das Land hier ist auch monoton, aber nicht so großflächig monoton wie in Nebraska. Deshalb fällt die Monotonie stärker auf. Maisfelder, Tierbaracken in Reihe und Salatfelder, die sich unter schwarzen Plastikplanen ver-steckt haben, wechseln einander ab.

Früher war das natürlich anders, außer das Wetter. Im Hei-matverein der Ortschaft Visbek sitzt eine Gruppe alter Män-ner, die aussehen wie Bauern mit derben, zweckmäßigen Kla-motten. Ich will alles wissen: Wie sah es hier früher aus? Auch zwei Bauern aus der Kriegsgeneration sind in die Heimatver-einsstube gekommen, Herr Muhle und Herr Kühling. Sie sol-len erzählen aus der Zeit ohne Pestizide und Industriesalate. Gab es Hunger? Ungeziefer? Oder war früher alles besser?

Sie zählen zu den Letzten, die sich erinnern an diese Zeit, in der vieles so war, wie es sich die Leute heute wünschen:

rundum bäuerlich. Sie erzählen: Auf den Dörfern arbeiteten noch bis in die fünfziger Jahre unzählige Bauern, die Landschaft war gespickt mit Weiden, Obstbäumen, Kühen. Kein Mann ohne Huhn und Schwein. Schweine fraßen Reste, nichts wurde weggeworfen. Kreislaufwirtschaft. «Wie die Grünen es heute wollen», lästert Gert Kühling, Jahrgang 1933. Kühling meint das aber gar nicht polemisch (natürlich wollen es die Grünen so auch nicht, wie es früher einmal war), er ist einfach so zwiegespalten, wie es sich für einen Mann gehört, der über Verstand und Herz verfügt. Er kennt die Härten des einfachen Landlebens und will es deshalb nicht zurückhaben. Aber er kennt auch die Schönheit, die er bei vollem Bewusstsein gegen mehr Komfort und ein gutgefülltes Konto eingetauscht hat. Herr Kühling hat, wie viele in dieser Gegend, persönlich vom turboindustrialisierten Aufstieg der Agrarwirtschaft profitiert, die zur Tier- und Windstromindustrieregion wurde. Energiemais, vom Staat gefördert, und Eisbergsalat bringen die höchste Pacht. Es gibt wenige Ökobauern, auch wenn der Staat sie kräftig fördert, denn Ökobauern brauchen Fläche, und die wird immer teurer. Die Regierung erhöht die Subventionen immer mehr, und die Ökobauern wollen nicht mehr werden. Die Hand, die einen nährt, beißt man nicht, vor allem wenn man das alles so gut kennt wie Gert Kühling. Hier im Landkreis Cloppenburg steht jetzt jedes Kaff voller Villen. Wer ein paar Dutzend Hektar Land besitzt, wird Millionär, dafür braucht es weder Intelligenz noch Ideen. Aber wer Ideen hat, kann noch viel mehr erreichen. Und wer ein bauernschlauer Geschäftsmann ist, noch mehr.

Die Landschaft ist wie ein Industriegebiet. Stolz sind die Alten darauf nicht. «Die bäuerliche Landwirtschaft ist passé, so leid es mir tut», sagt Gert Kühling. Er sagt oft, dass ihm das leid tue. Aber ändern wollen sie es nicht. Für den Zusammenhang von Industrie und Wohlstand haben gerade die Alten, die sich an die alte Landwirtschaft erinnern, ein Gespür. Zu Bernd Muhles Rente kommt die Pacht für seine acht Hektar Land: Vor wenigen Jahren waren es achthundert Euro je Hektar, heute fast das Doppelte.

Trotzdem wirken die alten, und auch manche jungen Bauern melancholisch. «Es ist extrem, man sieht nicht mal mehr Roggen», sagt Muhle. «Im Boden lebt kein Wurm mehr und kein Maulwurf», sagt Kühling, womit er ein wenig übertreibt, aber im Kern hat er recht: das Artensterben im Boden und in den Sträuchern und in der Luft war atemberaubend. Es reicht von Bodenpilzen über Wildbienen bis zu Singvögeln, die mit der Landindustrie nicht mehr leben können.

Das halbe Städtchen Visbek ist, betrachtet man die Fläche, von einem Unternehmen gepachtet, das standardisierte Eisbergsalate anbaut, wie Lidl sie will. Es versteckt sich seit Jahren; Journalistenanrufe werden nicht beantwortet. Immer sagt eine entfernt an einen Kühlschrank erinnernde Stimme vom Empfang: Herr M. sei «leider gerade» in einer Besprechung. Die meisten Agrarindustriellen in dieser Gegend meiden die Öffentlichkeit – jenseits der Fachpresse, über die sie Macht haben, zum Beispiel, weil sie dort Anzeigen schalten.

Visbek im Frühjahr: Folienbedecktes Feld, so weit man blickt. Der zweite alte Bauer ist darüber ähnlich verstört. Denn Bernd Muhles Kinderwelt sah noch so aus wie in der *Landlust*. Muhle und seine Geschwister rissen sich um die Sonntagswurst. Muhle, Jahrgang 1930, hat wegen dieser Erinnerungen an den Mangel Schwierigkeiten damit, wenn er seine Enkelkinder heute von Bio schwärmen hört. «Von acht Hektar mussten wir leben», erinnert er sich. Es gab drei Kühe, fünf Sauen, zwanzig Hühner, alles musste für die Familie mit drei Kindern reichen. Man tauschte Speck gegen ein Schifferklavier, so wertvoll war er. Erst die hässlichen Tierställe brachten Reichtum. Das ist die Wahrheit. So ein Mist.

Je monotoner die Landschaft infolge der ersten «Grünen Revolution» wurde – das war die der Agrarchemie ab etwa 1955 –, desto bequemer wurde das Leben. Ungeniert schütteten Bauern wie Gert Kühling Pestizide auf die Äcker. Dass nach Rachel Carsons Buch *Der stumme Frühling* diese von Anfang an in urbanen Milieus umstritten oder gefürchtet waren, kam hier gar nicht so recht an. Irgendwann verbot die Regierung DDT, das gefährliche Pestizid, woraufhin einfach andere Mittel genommen wurden. Kühling bekam als junger Mann bei der Feldarbeit einmal einen Eimer voller Pflanzenschutzmittel ins Gesicht. «Ich hatte tüchtig Kopfschmerzen», sagt er. Atrazin hieß das Wundermittel. Es tötete Unkraut, das Getreide wuchs herrlich, das nun allen Dünger ganz für sich hatte. Als auch das verboten wurde, weil es das Grundwasser verseuchte, fuhren die schlauen Bauern eben nach Holland und kauften es dort.

Hunger aber gab es nie, auch nicht in der Zeit vor den Pestiziden. Obwohl viele Frauen hier zehn Kinder durchbringen mussten, man war katholisch. Die Kinder erledigten dann einfach die Arbeit der Insektizide: Regelmäßig mussten sie auf die Felder gehen und Kartoffelkäfer jagen. Aber eine Plage war das nicht. Die hätten eh nur auf den kranken Pflanzen gesessen, sagt Muhle. Die gesunden kamen durch. Die ersten Mähdrescher gab es in den Sechzigern, Supermärkte aber noch nicht. Jeder hatte Hunderte Kilo Kartoffeln im Vorratskeller liegen, erzählen sie im Heimatverein. «Man konnte Kartoffeln überhaupt nicht kaufen», erinnert sich Bernd Muhle. Manchmal kam der Kornkäfer und fraß sie. «Das hat man als Strafe Gottes aufgefasst.»

Heute sind die Pflanzen, weil man ihnen viel Dünger und

Chemie gibt, alle gesund, aber die Böden nicht mehr. Sie ersticken, weil sie zu viel Gülle aus den Tierställen erhalten. Die gemessenen Werte an Nitrat, einem Reststoff von der Stickstoffdüngung, sind stark überhöht. Jahrzehnte Pflug und Monokulturen haben manche Böden verarmen lassen. Unterirdische Pilzwurzelgeflechte, die wichtig sind für die Pflanzenernährung, sind rar. Und nun gibt es sogar Startup-Unternehmen, die, mit Industriemillionen ausgestattet, diese Pilzwurzeln im Reagenzglas herstellen, damit Samen beizen und so das ökologische Desaster mit öko-industriellen Mitteln bekämpfen. Im Boden lebt nicht mehr viel, und doch leben hier irgendwie alle von der Industrielandwirtschaft, wenn auch nur noch relativ als Bauern. Die anderen bauen Traktoren, Computerprogramme, Aminosäuren für Schweinefutter; und auch diese Industrie hängt letztlich daran, dass weiter intensivst gemästet, gespritzt und geschlachtet wird. Sie hängen an den Rohstoffen der Nahrungsindustrie.

Das Herz dieses öden Herzens sind die Tierställe. Die Putenställe gucken wir uns jetzt genauer an. Die Äcker hier im Landkreis Cloppenburg sind an diesem Tag im Winter mit einer dünnen Schicht Schnee bedeckt, backsteinrot schaut hier und da ein Tierstall mit rauchendem Schornstein heraus. In Schutzanzügen aus Plastik stapft eine Gruppe von Reportern in einen Stall. Leise rauscht der Deckenventilator, die Luft hat dreißig Grad, sechzehntausend Putenküken zwitschern, flattern, rennen auf frischen Sägespänen. Sie haben Futterautomaten, Wasserspender, kein Feind will sie fressen. Noch nicht. In zwanzig Wochen werden sie verspeist, zum Beispiel als Putenwurst vom Lidl oder Aldi.

Der Verband der Geflügelwirtschaft hat sich diese Reise ausgedacht. Sie geht schief. Man wollte Journalisten zur Stallbesichtigung einladen und zeigen, wie ordentlich es hier ist.

Auch deshalb, weil dieser Industriezweig ein außergewöhnliches Schmuddelimage hat und sich Vorwürfen der Tierquälerei ausgesetzt sieht. Die Veganerorganisation Peta, die mit nackter Haut und Holocaustvergleichen gegen die Tiermast protestiert und damit Sex und Politik wieder zusammenbringt wie früher die Achtundsechziger, Peta lieferte dazu die Nahaufnahmen der gequälten Kreatur: ausgepickte Augen, Blut, Kadaver. Tierrechtler gegen die Fleischwirtschaft: Dieser Konflikt hat sich eingespielt. Es begann zwar schon in den siebziger Jahren, als der Tierfilmer Bernhard Grzimek federlose Käfighennen im Fernsehen zeigte und zum Boykott aufrief. Die Käfige sind längst verboten, doch der Protest wird plötzlich schärfer. Einige radikale Veganer, die den Verzehr aller Tierprodukte als unethisch ablehnen und ihn auch für andere nicht dulden wollen, kämpfen gegen Tierhalter, Futtermittelhersteller, Schlachthöfe.

Der Geflügelverband also hat die Reporter zur Stallbesichtigung eingeladen, damit positive Bilder gezeigt werden. Ein junger Bauer gibt Interviews, sein Töchterchen spielt mit Küken, doch er verliert die Kontrolle: Kamerateams und Fotografen drängen einen Haufen Tiere zusammen, so dass am Ende die üblichen Bilder entstehen. Traurige Augen, Tier an Tier. Diese Bilder erwecken Mitleid. Aber man muss ehrlich sagen: Mit der Realität in diesem Stall haben sie wenig zu tun. Die Küken haben sehr viel mehr Platz, die Bilder zeigen das nicht. Mit Bildern manipulieren aber auch die Geflügelkonzerne, wenn sie ihre Billigfleischverpackungen mit grünen Wiesen und Almhöfen verkitschen.

Wenn sich die Massentierhaltung nicht ändere, werde sich bald eine al-Qaida für Tierrechte bilden. Das sagt Edmund Haferbeck von Peta, und es klingt wie eine Drohung. Haferbeck, Protestant und Agrarwissenschaftler, sagt: «Wir kämpfen gegen ein mächtiges System von Industrie, Landwirtschaftsverbänden, Veterinären.» Das gibt es. Wer sein Gehalt aus diesem System bezieht, entwickelt womöglich gewisse Blindheiten für die negativen Seiten oder spricht zaghaft darüber. Die Verbände haben viele landwirtschaftliche Fachzeitschriften in ihrer Hand. Bauernfunktionäre sitzen in Aufsichtsräten von Raiffeisenbanken und der Nahrungsindustrie. Der Bauernverband hat quasi seine eigene Bank, die Rentenbank, mit der er Windräder und Biogasanlagen finanziert. Das Geld ist auf der Seite dieses «Systems». Doch die Bilder sind dagegen. Und auch die Systemkritik ist mittlerweile ein Markt: Tierleid ist ein tolles Thema für Spendenaktionen, das erfolgreichste neben der Kinderarmut. Auch Tierschutzverbände können Systeme mit sachfremden Interessen sein. Dazu gehört es, scharfe Bilder liefern zu *müssen*, die Abnehmer in der Presse und ein Publikum im Internet finden. Auch ihr Geschäft hat sich professionalisiert. Es wurde standardisiert, arbeitsteilig und effizient: selbst eine Industrie. Aber natürlich eine, in der viel weniger Geld zirkuliert als in der Nahrungsindustrie.

Aus Sicht von Peta ist die Agrarindustrie übermächtig, dasselbe ist Peta aus Sicht des einzelnen Landwirts. Die Organisation hatte, als wir die Ställe besichtigten, in Deutschland ein Jahresbudget von rund zwei Millionen Euro Spendengeld, beschäftigte fünfundzwanzig Mitarbeiter, davon vier sogenannte Ermittler, die professionell Skandale aufdecken. Peta selbst, sagt Edmund Haferbeck, werde nicht zu al-Qaida werden, denn sie lehne Gewalt ab. Trotzdem: «Wir sind für die Bauernlobby das Hassobjekt für alles, was in der Szene läuft, weil wir effektiv sind, weil wir das System ins Mark treffen.» Tierrechtler kämpfen – anders als Tierschützer, die sich für bessere Haltungs- oder Transportbedingungen einsetzen –

für eine Welt ohne Schlachtungen, eine Welt der freien Tiere. Wie die Marxisten im 19. und 20. Jahrhundert, als die soziale Frage nicht gelöst war, für die Emanzipation der Arbeiter kämpften, so kämpfen sie heute für die Befreiung der Hühner und Schweine – kompromisslos, unter dem Slogan: «Artgerecht ist nur die Freiheit.»

Dass Fleischverzehr Genuss sei, kulturell tradiert, lassen sie nicht gelten; das sind für viele Tierrechtler keine Argumente, sondern Befindlichkeiten. Die Szene besteht nicht nur aus Peta. Es gibt die Extremisten. Sie ließen zum Beispiel in Brandenburg Tausende Nerze frei, die umherirrten und Hühner aus den Gärten rissen. Die Täter sympathisierten mit der Animal Liberation Front. Sie zeigen kein Gesicht, aber haben eine Website, auf der Menschen mit Sturmmasken zu sehen sind, die süße Welpen tragen. Es ist die RAF für die Tiere. In Deutschland versuchen Autonome in Wietze, den Bau eines gigantischen Schlachthofs zu verhindern. Andere fackelten im Sommer in Sprötze nahe Lüneburg einen Stall ab; und auch in den folgenden Jahren kam es immer wieder zu Brandanschlägen auf Tierställe. Der Hof in Sprötze war nicht versichert, Familie Eickhoff, Landwirte seit zweihundert Jahren, sah ihre Zukunft über Nacht in Flammen aufgehen.

Fahrt in den Süden; zu einem Bauernehepaar im Odenwald. Hier gibt es eine klare Meinung darüber, wer die Wahrheit sagt und wer manipuliert. Peter und Kathrin Seeger, Anfang dreißig, sitzen in ihrer Küche, über der Türschwelle hängt ein Kruzifix. Sie haben drei Kinder, fünf Ställe, acht Mitarbeiter, achthundert Sauen und viertausend Mastschweine und müssen bei sinkenden Margen immer mehr Tiere bewirtschaften, um den Verdienst zu halten. Die Schweine leben auf Beton in Buchten à dreizehn Tiere. Sie haben Platz, aber nicht viel. Es kostet Kathrin und Peter Seeger, als ich sie treffe, Mut, von ihrem Fall zu erzählen – und sie sind sie die Ersten, die später bei Facebook und Twitter für die Massentierhaltung agitieren. Sie erlebten dies: Eines Tages stand die Veterinärin vom Amt am Stall der Seegers, sie hatte ekelhafte Bilder zugespielt bekommen. Eins zeigte einen Kadaver, der von zwei Schweinen angefressen wird. Seegers erklärten: Eins von tausendfünfhundert Schweinen im Stall sei nachts gestorben, und Schweine sind nun mal keine Vegetarier. Das zweite Bild zeigte eine überfüllte Bucht, dreizehn Schweine standen eng beieinander. Aber der Ausschnitt war so gewählt, dass die untere Hälfte der Bucht abgeschnitten war. Schweine rücken oft zusammen, um sich zu wärmen. Das dritte Bild zeigte wieder ein totes Schwein inmitten von lebenden. Die Seegers sagen, es sei eindeutig aus einer Kadavertonne entnommen und in die Bucht gelegt worden, denn das Tier sei größer als die anderen. Das kann ein Laie nicht beurteilen. Die Tierrechtler liefern Bilder, aber wenige Erklärungen. Die Veterinärin fand bei den Seegers nichts Schwerwiegendes und ging. Stattdessen stand bald ein Kamerateam vor der Tür. Die Justiz der Emotionen, das Beweisstück: Bilder. Drei Fernsehsender berichteten. Für die Bauern war das traumatisch. «Die Paranoia ist heute noch da. Bei jedem Anruf gibt mir mein Mann ein Zeichen, dass alles okay ist», sagt Kathrin Seeger. Ihre Erklärung für all die Emotionen: Urbane Eliten haben ein neues Thema gefunden.

Vielleicht meinen sie damit Rudolf Steffen. Der Veganer lebte, als ich ihn traf, allerdings nicht in der Stadt, sondern noch abgeschiedener als die Bauernfamilie Seeger. Im verschneiten Mittelgebirge bei Hagen bewohnte er einen von drei Höfen, die einsam im Land liegen. Steffen hat mit seiner Freundin im Vorgarten einen Stall hergerichtet. Darin leben elf Hühner, die ihre Freunde aus Legebatterien entführt haben, das letzte wurde im Sommer gebracht. Die Hühner wackeln durch das Stroh, verfügen über ein Freigehege, Spielecken und eine Infrarotleuchte. «Hertas WG» steht auf der Tür. Sie erhalten Nudeln oder Reis zum Essen. «Jedes Huhn ist eine eigene Persönlichkeit», sagt Rudolf Steffen. Über den Alltag der Hühner bloggen die Tierhalter, da erzählen die Hühner selbst von ihrem guten Leben «ohne Angst». Es gibt auch eine Traueranzeige: «In tiefer Trauer nehmen wir Abschied von einem Lebewesen, das uns so sehr am Herzen lag, und werden ihr immer gedenken. Du warst ein besonderes Huhn.» Rudolf Steffen betreibt auch eine Website für Aktivisten. Mindestens fünftausendmal pro Tag wird die Seite aufgerufen. Ställe in Brand zu stecken, lehnt Steffen ab. Denn dabei müssten Tausende Insekten ihr Leben lassen. Aber mal mit einem Hammer Stalleinrichtungen zerschlagen, warum nicht? «Was wir machen, ist das Recht, und die Tiere einzusperren ist das Unrecht. Die Freiheit, Fleisch zu essen, wird heute noch höher gewertet als die Freiheit des Tieres zu leben.» Das ist eine Ethik, die den Bauern Angst macht. Wenn das Tier das «Menschenrecht» auf körperliche Unversehrtheit hat, wird der Mensch, der es ihm nimmt, nicht nur zum Kriminellen, sondern zum Mörder.

Neben Rudolf Steffen sitzt Jürgen Foß, Physiker, Triathlet, Veganer. Als Student arbeitete er im Tierheim, eines Tages besichtigte er einen Schweinestall und war von der Enge und dem Gestank schockiert. Er wurde Vegetarier, lieh sich eine Videokamera, filmte verletzte Tiere, gab das Material dem TV-Sender Pro 7, der den Landwirt zur Rede stellte. Mehrmals im Jahr filmt Steffen jetzt mit Freunden heimlich nachts in Ställen, sie installieren Kameras und befreien auch Tiere. Mehrere Fernsehbeiträge im Jahr entstehen mit den Bildern, bei *Fakt* und im *Report Mainz*. Foß hat viele Missstände aufgedeckt. «Man muss sich ständig sagen lassen, ihr habt das reißerisch dargestellt, ihr habt manipuliert. Aber man findet halbtote Schweine, und einmal hing ein Huhn mit ausgekugeltem Schlegel an der Kralle an einem Metallteil», sagt Foß. «Wenn man sich dann von den Verursachern anhören muss, das ist alles manipuliert, dann geht das nahe. Da fühlen Sie sich wie David gegen Goliath.» Jürgen Foß ist ein freundlicher Pazifist, er lehnt jede Gesetzüberschreitung außer Hausfriedensbruch ab, er zeigt sein Gesicht. Und er träumt von der veganen Gesellschaft. Vielleicht macht so jemand den Tierhaltern mehr Angst als die wenigen militanten Feuerteufel: der Humanist, der das Tier liebt wie den Menschen und auf allen Kanälen davon erzählt.

Das ist eine gänzlich andere Motivationslage als die der Biobauern. Die Biolandwirte haben mit den Tierrechtlern meist nichts gemein, sie sind für eine traditionelle Kreislaufwirtschaft, in der es nicht ohne Tiere geht.

Ein Abstecher nach Hannover, wo alle zwei Jahre die größte Messe für die industrielle Tierhaltung stattfindet, die es auf der Welt gibt: «Eurotier». In den Messehallen zeigt die Branche auch viele Neuzüchtungen. Puten heißen etwa «B. U. T. 7» (laut Katalog «Gewichtszunahme rund 140 Gramm am Tag»), Schweine «PIC-Piétrain» («5 Prozent weniger Ferkelverluste oder 50 Euro je Sau und Jahr»). Zuchtbullen heißen wie Panzer: «Brigade EX90» oder «Terbium VG86». In den Katalogen werden die Tiere wie Autos präsentiert. Standardisierte Leistungszahlen wie Eutergröße, Fettgehalt oder Hüftstellung sind in Messzahlen und Säulendiagrammen dargestellt. Für Außenstehende ist dieser technische Blick auf Lebewesen befremdlich, für die Tierzucht-Ingenieure muss er wohl normal sein. Die Erfolge der Industrie sind, gemessen an der Produktivität, enorm. Ein Huhn benötigt heute nur die Hälfte des

Futters, das es vor fünfzig Jahren brauchte. Sauen bekommen immer mehr Ferkel, Schweine wachsen schneller, Rinder geben doppelt so viel Milch als in den fünfziger Jahren. Eine «Hochleistungskuh», wie man sie hier nennt, schafft mehr als zehntausend Liter Milch im Leben. «Unsere Mission: fünfhundert Eier.» Das steht am Messestand des niederländischen Unternehmens Hendrix Genetics B. V. Gemeint ist die sogenannte Lebensleistung einer Henne. Bislang betrage diese rund dreihundertsiebzig Eier, ist zu erfahren. «Unser Ziel ist, dass das Huhn mehr Eier legt», erklärt der Direktor des Unternehmensbereichs Hennen, Servé Hermans. Sind fünfhundert Eier pro Tier die Obergrenze? Man weiß es nicht. «Ich denke, dass ein Huhn auch tausend Eier legen kann», sagt Hermans. Solche Tierzucht, insbesondere von Geflügel, ist aber in die Kritik geraten. Denn sie hat Nutztiere geschaffen, die so sehr von den Eigenschaften der Wildtiere abweichen, dass sie nicht nur im Freien nicht mehr überleben könnten, sondern auch Schmerzen hätten, wenn man sie zu lang leben ließe. Fleischtiere würden so schwer, dass sie Fehlfunktionen der Gelenke bekämen. Auch in den Niederlanden, sagt Servé Hermans, verschärfe sich der gesellschaftliche Druck. Eine Nichtregierungsorganisation kreierte dort das Wort «Explosionsküken» für ein Tier, das Isa züchtete, und nun sei dieses Wort in den allgemeinen Sprachgebrauch eingegangen. Servé Hermans beklagt seinerseits die «Schizophrenie des Verbrauchers»: «Er fordert naturbelassene Hühner, im Supermarkt mutiert er dann auf rätselhafte Weise zu einem Wesen, das billige Produkte kauft. Wir würden gern nur Biohühner züchten, aber der Markt will nicht.»

Bemerkenswert oft sagen die Leute aus der Agrarindustrie, sie würden dies und das auch gern anders machen, aber der Markt wolle nicht. Vielleicht müssen sie sich dann nicht wundern, wenn sie nur als Lobbyisten eines finsteren Systems wahrgenommen werden.

Die Journalistengruppe auf winterlicher Putenbesichtigungsexkursion, zu der wir nun zurückkehren, besichtigt am Ende des Tages noch einen Stall, in dem «schlachtreife» Puten stehen, wie es im gutgemeint zynischen Fachjargon der Tierzüchter heißt. Fünftausend fette Puten gackern, es riecht unappetitlich. Es riecht in vielen Massentierställen unappetitlich, besonders in Schweineställen. Mit den Weiden wurde die Landluft abgeschafft; an ihre Stelle traten die Geschwister Gülle und Jauche. Das Bild der schlachtreifen Puten im Maststall wirkt überwältigend. So viel fettes Leben in einem dunstigen Stall: Federn, Schnattern, Flattern, ein bodenloses Meer aus Weiß mit blauen und roten Punkten, wie in einem pittoresken Horrorfilm. Und immer noch: nicht empörend, nicht so erschreckend widerwärtig wie auf den Bildern der Tierbefreier. Es ist ruhig, blutlos, atemberaubend pervers. Die meisten Tiere wirken körperlich gesund, einige humpeln mit der häufigen, zuchtbedingten Fußballenerkrankung in einem Separee. Den geistigen Zustand, wenn es ihn gibt, von Puten zu beurteilen, liegt mir nicht, aber es wäre schwer vorstellbar, dass in der Hinsicht diese Lebewesen hier gesund sein sollten.

In wenigen Tagen holt sie der Lastwagen in blauen Gitterkisten aus Plastik ab, bringt sie in den Schlachthof, stapelt die Kisten in einer Wartehalle, wo sie einige Stunden im beruhigenden Schwarzlicht ganz ruhig liegen, ehe ein Fließband hineinfährt, sie abholt, sie kurz aufflattern, vom Gas ohnmächtig werden, regungslos auf das nächste Fließband platschen, wo sie per Messerschnitt von Hand nach Mekka hin zum Ausbluten gebracht werden.

Sun-mi Hwang: *Das Huhn, das vom Fliegen träumte*, Zürich 2014.

DIE SAMENHANDLUNG

These Neun
Die Nahrungsindustrie soll selbstbewusst sein.

Im Herzen der Stadt Frankfurt gibt es eine kleine Samen-
handlung, wie man sie auch in anderen Städten noch finden
kann. Nichts in diesem Laden ist besonders alt oder neu. Es
ist hier nicht nostalgisch und nicht hip, die Produkte sind weder besonders billig noch teuer, das Geschäft ist nicht sehr
schön und auch nicht geschmacklos. Es ist einfach nur da. Ein
stoischer alter Laden, in dem man Salate und Basilikum, Tomaten und Petunien, Samen und Pflanzenerde kaufen kann.
Jeder Unternehmensberater würde davon abraten, sich mit so
etwas selbständig zu machen, und vermutlich gäbe dafür
keine Bank, die bei Verstand ist, einen Kredit.

Der Laden hat eine lange Geschichte, fast hundertfünfzig
Jahre, aber das Bemerkenswerteste an ihm ist, dass er existiert. Weil es davon nicht mehr viele gibt, fällt die Samenhand-
lung auf. In der Nachbarschaft sind mehrere Bäckereifilialen
und andere Einzelhändler, die Schnaps verkaufen, Schusswaf-
fen und Wildschweinbürsten. Vor dreißig Jahren waren sogar
noch mehrere Samenhandlungen in den Nachbargassen. Jetzt
gibt es um die Ecke die Filiale von Blume 2000. Draußen auf
dem Gehweg der Töngesgasse, die vor dem Krieg eine der
schönsten Altstadtgassen in Deutschland war, stehen rund
um den Eingang von Samen-Andreas auf Holzpaletten Kräu-
ter, Gurkenpflanzen und Hollandblumen, Hortensien im An-
gebot. Drinnen kann man Samenpäckchen kaufen, Erde, Spa-

ten, Vogelfutter, wiederum Hortensien und auch viele andere Blumen für den Garten, und es gibt auch Heckenscheren, Dünger und Chemikalien gegen Blattläuse, selbstgemischten Dünger und Gartenzwerge. Vieles ist hellgrün: die Regale, die Poloshirts der Verkäufer; die Pflanzschalen, Fläschchen, Gießkannen. An der Decke Neonleuchten mit Gittern.

Von dem Geschäft können zwei Verkäufer und ein Inhaber mit seiner Familie leben. Sie leben also von etwas ganz Unwahrscheinlichem: einem inhabergeführten Samenladen im Jahr 2015. Warum das möglich ist, weiß auch der Chef nicht. Der Chef meint, er finde die Frage hochinteressant, sie beschäftige auch ihn sehr, «ich habe aber keine Antwort, sag es mir bitte, wenn du es herausgefunden hast. Wir hatten in diesem Jahr Tage, da haben wir jede bisher gekannte Umsatzgrenze geknackt. Warum das diesen Frühling so massiv war, weiß ich nicht. Das Pflanzenschutzregal war leer, das Pflanzenregal war leer, es hat uns körperlich wehgetan.»

Dabei hat der Chef gar nichts anders gemacht als sein Vater oder die drei Inhabergenerationen zuvor. Aber auf einmal lief es. «Das war so etwa ab 2008», sagt Andreas. Es könnte ein Zufall sein, dass 2008 das Jahr der Weltfinanzkrise war. Vorher ging es den Bach runter: Seit den neunziger Jahren, ach was, seit den Achtzigern. Damals kamen nach und nach die Obis und Hagebaumärkte und Tooms, die Gartencenter und Discountblumen. Das war, wusste man schon damals, der sichere Tod der inhabergeführten Einzelhändler. Von heute auf morgen kauften die Leute Rasenmäher und Elektrogeräte im Baumarkt.

Die kleinen Läden hatten nichts gegen die Märkte in der Hand: keine Parkplätze, keine Verhandlungsmacht im Einkauf, kein Geld für Werbeprospekte. Manche schlossen sich zu Einkaufsgemeinschaften zusammen, andere schlossen sich

Franchiseketten an, die einen Teil der Arbeiten übernehmen. Nicht aber Samen-Andreas. Die machten einfach weiter. Es war der Beginn der Todesspirale aus rückläufigen Umsätzen, Investitionsstau und alternder Kundschaft, die auch die Buchläden erfasste, die Plattenläden, die Boutiquen. Dann kam auch noch das Internet. Samen-Andreas konnte es wenig anhaben.

Im Laden stehen hinter der grasgrünen Theke Nils Andreas und seine beiden Angestellten, Christian und Steffen Zettlitzer, die zufällig Brüder und noch keine dreißig Jahre alt sind. Ihre grünen Poloshirts sind leicht knitterig. Sie sehen etwas aus wie eine WG von Physikstudenten, die schon sehr lange an der Uni sind. Steffen Zettlitzer ist, wenn ein Kunde kommt, sachlich und ruhig. Christian Zettlitzer macht Witze und erzählt viel. Deswegen verkauft Steffen in gleicher Zeit mehr, aber Christian ist wichtiger für die gute Laune. Und die gute Laune im Laden ist für ihn auch die Erklärung, warum der Laden noch existiert. «Ehrlich gesagt: Der Laden funktioniert nur wegen uns. Die Leute sagen: ‹Ich könnte ja überall kaufen, aber das macht doch nicht so viel Spaß wie hier.›»

Die erste Kundin kommt herein. Eine ältere Dame. «Moiheuuuuun», singt der Verkäufer. Manchmal sagt er sogar «Kuckuck». Er hat sich eine Zigarette hinters Ohr gesteckt. Die Dame hievt ihre Handtasche auf den Tresen und packt etwas aus Alufolie aus. Es ist ein Blatt, das durch Fraß beschädigt ist: «Morgen, ich habe mal eine Frage.»

«O Gott!»

«Ich hab hier ein Lorbeerblatt.»

Der Verkäufer schaut es sich mit einer Lupe an: «Das ist das Gleiche, was man auf dem Kindeshaupt sucht, Läuse.»

«Aber man sieht sie nicht.»

«Nein, nur die Schäden, hier in Grau.»

Viele Kunden bringen von Insekten oder Pilzen befallene Blätter mit, die Insekten selbst oder Fotos davon. Aber man hat den Eindruck, dass viele nicht nur Informationen wollen. Die könnten sie überall finden. Sie wollen über die Pflanzen reden. Sie erleben, so scheint es, etwas mit ihren Pflanzen und erzählen es hier weiter. Sie sorgen sich um ihre Pflanzen und wollen die Sorge mitteilen. Sie sind in einer Beziehung zu ihren Pflanzen, und deswegen kaufen sie die Pflanzen dort, wo sie beim Kauf eine Geschichte mit ihnen erleben, und sie kaufen die Medizin da, wo ein Apotheker ist, der zuhört. Es gibt Kunden, die den Verkäufern erst mal erzählen, wie es all den Blumen geht, die sie hier einmal gekauft haben.

Eine Dame, Mitte siebzig, betritt den Laden. Sie legt etwas in Alufolie Eingewickeltes auf den Tisch. Es ist ein Blatt. Sie und die drei Verkäufer schauen drauf: «Kuckuck!»

«Hier, mein Hibiskus.»

«Der hatte Spinnmilben, der erholt sich wieder.»

«Ah. Und jetzt kommen meine anderen Kinder. Dass sich die Pflaume so wellt, ist das normal?»

«Ja, ist ganz normal.»

Sie holt ein drittes Blatt aus der Tasche. «Und das hier ist mein armer Lorbeer, der sieht ja wieder aus!»

«Wieder der Mehltau!»

«Oh! Hab ich nicht gut gedüngt?»

Die Arbeit hier ist nicht sehr abwechslungsreich. Die Fragen der Kunden sind oft ähnlich, meist geht es um Läuse, Buchsbaumzünsler, Mehltau.

Es kommt eine Kundin: «Eine Frage: Portulak – sagt Ihnen doch etwas?»

«Portulak, das kann man essen.»

«Ja?»

«Ja, man kann alles essen, die Frage ist nur, wie oft.»

Eine ältere Dame betritt das Geschäft. Sie spricht Hessisch. Sie suche, sagt sie, ein Mittel, das sie hier früher schon einmal gekauft habe. «Das is gesche Läus und is gleischzeidig Dünge.»

«Düngestäbchen!»

Nächste Kundin: «Ich werd jetzt meine ganze Buchsbäum wegschmeiße.»

«Schade», sagt der Verkäufer.

Die Kundschaft sei im Durchschnitt jünger als vor zehn Jahren, meint der Chef beobachtet zu haben. «Damals war sie uns schon fast weggestorben.» Am Samstag und am Nachmittag sieht man die Jüngeren. Sie erzählen weniger, aber sie sind da. Sie kaufen zum Beispiel Basilikum oder Basilikumsamen. Und es kommen auch Japaner und Amerikaner, die auf Reisen sind und unglaubliche Mengen von Blumensamen einkaufen, weil sie die exotisch finden. Es gibt hier ein ganzes Regal voller Tomatensamen und eins mit Erbsen und Bohnen: Wachsbohne, Puffbohne, Prunkbohne, Filetbohne, Knackerbse. Es gibt auch Samen, die wir exotisch finden: Bananenbaum, Bleichspargel Ruhm von Braunschweig, mexikanische Minigurke. Manche werden fast nie verkauft. Aber sie sind da, weil sie eine gute Atmosphäre machen.

Jetzt muss man auch die Mitarbeiter einmal fragen. An Steffen Zettlitzer: «Arbeiten Sie gern hier?» Antwort: «O ja», sagt er leicht verklärt. «Ich könnte beim Baumarkt arbeiten und würde da ein paar hundert Euro mehr verdienen, aber ich mag die kleinen Formate. Ich würde das andere auch ertragen, aber hier bin ich gern.» Christian Zettlitzer: «O ja! Samstags streiten wir uns sogar, wer zu Hause bleiben muss.» Samstags grillen sie während der Arbeit immer im Hinterhof. Jeden Abend gibt es ein Bier. Mit Kunden tauschen sie, zum Spaß, exotische Chilipflanzen und züchten sie weiter. Die Keimlinge verschenken sie manchmal an Kunden.

Wäre vielleicht das eine Antwort, warum das Geschäft so gut läuft: Bei euch ist niemand gezwungen, irgendwas vorzuspielen, und das spüren die Leute und mögen es. Nichts ist inszeniert, alles ist echt. Wie die Landschaft und Landwirtschaft im Vogelsberg.

Zugehört, Nahrungsindustrie?

BAUERN WOLLEN
IHRE KRITIKER BESIEGEN

These Zehn
*Die Nahrungsindustrie soll sich der Kritik
nicht verschließen.*

Einmal im Jahr, im Sommer, kommen viele Hundert Landwirte zum Deutschen Bauerntag zusammen. Dort gibt es Filz-
jacken, Bier und robustes Händedrücken. Sechshundert Funktionäre der Kreisverbände sitzen in einer riesigen Halle, und
zu ihnen spricht der oberste Bauernfunktionär, der Präsident
des Deutschen Bauernverbands. Dann folgt der Landwirtschaftsminister.

Früher war dieser Bauernverband staatstragend; er war in
den vielen Jahren nach dem Weltkrieg wichtig, um die Unter-
versorgung mit Lebensmitteln in den Griff zu kriegen. Millionen Bauern waren als Wähler eine wichtige Größe. Das ist
längst vorbei, und zudem hat der Zeitgeist die Bauern über-
holt; postmaterielle, ästhetische Wünsche der Verbraucher
umzusetzen, mehr Dienstleister zu werden und nicht mehr
nur der Nährstand zu sein, scheint sie zu überfordern. Es war
ja bisher nicht ihre Aufgabe. Das haben sie nicht gelernt.

Während, betrachtet aus der Alltagswelt vieler Bürger, klar
zu sein scheint, dass sich Landwirtschaft in ihrem Umgang
mit Tieren, der Landschaft oder auch der Architektur der
Hof- und Stallbauten umstellen muss, ergossen sich auf dem
Bauerntag 2015 die Funktionäre in kaum gehemmter Wut
über diese seltsame Gesellschaft, die so etwas fordert. Da

konnte man spüren, dass es zwischen der Welt der Städte und der Landwirte nicht nur Meinungsverschiedenheiten gab, sondern eine Atmosphäre, die sich anfühlt wie ein bevorstehender Krieg. Auf der Bühne saßen Politiker, Robert Habeck von den Grünen und Ute Vogt von der SPD, ein Journalist der *Zeit*. Die Zeitung hatte sich zum Wutobjekt der Landwirte gemacht, weil dort ein reißerischer und teils falscher Text über den Antibiotikamissbrauch in Tierställen erschienen war, unter dem Titel: «Die Rache aus dem Stall». Der Journalist durfte dann in Erfurt die Rache der Bauern spüren, obgleich er den Text weder geschrieben noch verantwortet hatte. Aber er war Journalist, er war «Gesellschaft», er war nicht Landwirt, das reichte. Er wurde deftig ausgebuht für harmlose Sätze wie den, in seiner Redaktion sei die Vielfalt von Anschauungen vertreten, die es nun mal gebe.

Jubel gab es hingegen für solche Wortbeiträge wie den eines Bauern, der rief, Bauern seien «die Verfolgten des Regimes». Es sei in den Bauern genetisch verankert, für ihr Eigentum zu kämpfen, erklärte der Bauernpräsident Joachim Rukwied. Und ein Landesbauernpräsident erinnerte an die Kämpfe der «Urahnen» vor fünfhundert Jahren, die Bauernkriege in Thüringen. Damals siegte sozusagen der Staat – die Fürsten unter Martin Luthers Absolution gegen Thomas Müntzer und die Bauernkrieger. «Heute sind wir besser organisiert», erklärte der Bauernpräsident ernsthaft. Er vertrat überdies die Auffassung, wenn im Mittelmeer Flüchtlinge ertränken, solle man in reichen Ländern nicht so viel über Schweineställe reden. Auch dieses Totschlagargument brachte ihm großen Applaus.

Man muss nicht Psychologe sein, um zu erkennen, dass gerade jemand, der eigene Schwächen nicht zugeben kann, Schwäche und Angst offenbart. Könnte den Bauern eine pluralistische Gesellschaft, die viele Perspektiven auf die Landwirtschaft hat, nicht neue Ideen und unternehmerischen Aufschwung bringen? Vielleicht. Aber die Bauern wissen nicht, wie das gehen soll.

Ihre Kinder würden, erzählten die Bauern, in der Schule schon angefeindet. Der Landwirt Johannes Scharl sagte: «Die Anfeindungen, die wir in den letzten Monaten bekommen, das geht an unsere emotionale Grenze.» Es sei ihm angst und bange. Auch in den sozialen Netzwerken ist der Ton ungemütlich. Andererseits kaufen mehr als siebenundneunzig Prozent der Leute konventionell erzeugtes Fleisch.

Die Funktionärselite hat Angst. Doch wer Angst hat, dem fehlt die Kraft zum Gestalten. Aber auch die Bauern wären nicht so ängstlich, wenn sie nicht schon viele Gemeinheiten hätten erleben müssen.

BÖSE BRAUNE KRÄUTERGÄRTEN

These Elf
*Die Nahrungsindustrie soll esoterische
Ansprüche ignorieren.*

Die deutsche Ökologie-Bewegung (die in der Kritik an der industriellen Landwirtschaft die Erste Geige spielt) sei «bis heute von einer verblüffenden Vergessenheit ihrer eigenen Vergangenheit gekennzeichnet», schreibt der Historiker Jan Robert Weber im Schlusswort einer Neuauflage von Ludwig Klages *Mensch und Erde.* Er erinnert an diesen Naturpropheten, der im Schwabinger George-Kreis das deutsche Fühlen lernte, die Natur vor der Industrie bewahren wollte und im Nazireich ebenso wohlgelitten war wie in der frühen BRD, wo er ein Bundesverdienstkreuz bekam. Jan Robert Weber nennt Klages einen «Vordenker der Ökologie-Bewegung», sein Werk «das erste ökologische Manifest in deutscher Sprache». Außerdem eine irrationale Aufkündigung des bürgerlichen Humanismus, die totale «Ästhetisierung der Politik»; ein Merkmal des Faschismus.

Dieses Kapitel über die Geschichte der Tier- und Naturschutzbewegung im Dritten Reich soll illustrieren, warum der berechtigte Wunsch nach schöneren Ställen und Landschaften unbedingt von einem ästhetischen Fundamentalismus oder einem politischen Ästhetizismus abgegrenzt werden muss. Wozu der schon einmal führte, kann man noch heute in Dachau besichtigen. Ein seltsamer Ort am Rande des Konzentrationslagers hat sich hier der Gedenkkultur siebzig

Jahre lang entzogen. Die Wissenschaft interessierte sich kaum für den ehemaligen Kräutergarten am KZ Dachau. Die SS ließ dort nach biologisch-dynamischer Methode Heilkräuter anbauen. Selbst in Dachau wusste bis zu der Entdeckung fast niemand, dass es den Garten gab. Und jetzt weiß man nicht, was draus werden soll. Wahrscheinlich lässt die Stadt eine der Gewächshaus-Ruinen sanieren, die anderen sollen zerfallen. Derweil leben dort Flüchtlinge.

Von einst hundertfünfzig Hektar Plantage sind nur wenige Treibhäuser geblieben. Sie rosten schwer. Da wuchsen dereinst Gladiolen, Pfefferkraut, Chili, schwarze Johannisbeere, Salbei, Thymian und Hunderte anderer Sorten. Sie lebten vom Wasser und der Sonne und bekamen weder Kunstdünger noch Pestizide. Denn nicht wenige Nazis waren verrückt nach einem gesunden Lebenswandel. So Heinrich Himmler, der strenge Herr mit den kreisrunden Knopfbrillengläsern. Dachauer Pfefferkraut sollte die Wehrmacht unabhängig von importiertem Südpfeffer machen, träumte Herr Himmler, der Saft der Gladiolen die «Volksgesundheit» mit ihrem hohen Vitamin-C-Gehalt stärken und somit die tapferen teutschen Krieger im eisigen Winter fit halten. Andere Gewürze und Gesundheitstees («Prittlbacher Kräutergetränk mild») gab es für Bürger im Hofladen. Sie steckten in Packungen mit Jugendstilemblemen, verziert mit Sonnenmotiven, die Häftlinge gestaltet hatten.

Mehr als vierhundert starben in der Plantage. Es waren Geistliche und Intellektuelle aus Polen und Tschechien. Sie trugen nur dünne Kleider und mussten Sommer wie Winter darin arbeiten. Jüdische Häftlinge mussten für Menschenversuche herhalten. Auch in Dachau wurden sie mit Tuberkulose infiziert und mit Kräuter-Globuli behandelt. Anders als von Himmler erwartet, war es wirkungslos.

Der Glaube an eine rätselhafte, mystische, schicksalhafte Natur. Darin ließ sich für die NS-Eliten gut aushalten, da sie sich selbst zu den Herren des Schicksals machten, und Sekt und Weiber und jüdisches Geld spendete ihnen die Natur ja nun auch genügend.

Kuhhorn wurde in der Plantage zerrieben, Mondphasen wurden studiert; der SS-Führer Heinrich Himmler war der Esoterik und der Steinerschen Landwirtschaft mit ihren eigenwilligen Rezepturen zugetan. Der Mondkalender bestimmte die Zusammensetzung der geheimnisvollen Lichtnahrung. Himmler verehrte den Begründer der biodynamischen Landwirtschaft, Rudolf Steiner, wofür der tote Steiner beim besten Willen nichts konnte. Die deutsche Nahrung sollte regional, ökologisch, saisonal, wenig verarbeitet, vitaminreich und fleischarm sein, von bäuerlichen Höfen erzeugt, frei von Pestiziden.

Genau: Dies alles erinnert in erschreckender Weise an die Gegenwart. Aber es kommt nicht nur auf die Begriffe an, sondern auf die Begründung und das ideengeschichtliche Gerüst, wenn man richtig verstehen will, ob gestern und heute viel gemeinsam haben. Die Begründung und ideelle Basis waren damals andere als meistens heute: ein anti-rationaler, ästhetischer Fundamentalismus mit aller Konsequenz. Anti-Individualismus, Anti-Intellektualismus, Rassenwahn, Sozialdarwinismus.

Die zentrale Organisation dieser Ernährungswende hieß Reichsnährstand. Ihm mussten sich siebzehn Millionen Menschen anschließen: Landwirte, Handel, Industrie, Bauernverbände. Er hatte Zehntausende Mitarbeiter und sollte aus Landwirten, im Jargon der Nazis, wieder wahrhafte Bauern machen (und aus den wenigen Bauern, die es noch nicht waren, Nationalsozialisten). Chefideologe war Richard Walther Darré: Reichsbauernführer, Agrarminister. Darré soll das Reich zur Autarkie führen. Er will Deutschland wieder zu einem Bauernvolk machen. In Darrés Welt ist der deutsche Bauer, mythisch überhöht, Wurzel und «Blutsquell». Die Idee vom neuheidnischen Bauernvolk ist ihm der Gegenentwurf zur «Entartung» der Städte. Die phantasierte Vergangenheit und Darrés Blut-und-Boden-Okkultismus rufen nach Krieg. Weil das Deutsche Reich «überbevölkert» (Hitler) sein muss für ein remittelalterisiertes Bauerntum. Bevor das Morden in Osteuropa beginnt, der Raubzug um Weizen und Boden, schreibt Darré donnergrollende Bücher, die heute komisch klingen: das Schwein als Kriterium für nordische Völker und Semiten, Bauerntum als Lebensquell der nordischen Rasse, Neuadel aus Blut und Boden, Schweinemord.

Darré entdeckt sein Interesse an der Landwirtschaft in den zwanziger Jahren an der ökologisch-agrarischen Universität Witzenhausen. In diesen Jahren entwickelt auch Jungagraringenieur Himmler eine plötzliche Abneigung gegen die Düngerindustrie. Bei einem Düngerhändler arbeitet er nach dem Studium mit geringem Erfolg für einige Monate. Die Abneigung steigt. Darrés Antipathien richten sich an viele Adressen. Er ist nicht nur Antisemit, sondern verachtet alle «Nomadenvölker». Darunter fallen für ihn (wobei er selbst ein wenig «nomadisch» wirkt: geboren in Argentinien, Schulbesuch in London) auch Muslime. Das Schwein ist sein Kriterium, das Gut und Böse trennt: Schweinehaltende Völker gelten ihm als «nordisch», verwurzelt. Diese Idee füllt ein ganzes seiner Bücher.

Der Irrsinn geht seinen Weg durch die Institutionen. Darré wertet zunächst formal die Bauern auf. Über Bauern habe man in den verderbten Weimarer Zeiten gespottet, meint er sinngemäß als neuer Bauernführer, fortan solle der Bauer der neue Adel sein, «Bluts-Adel». Im *Völkischen Beobachter* sind lange, ermüdende Abhandlungen über diese neue Ständeordnung zu lesen. En passant macht sich Bauernführer Darré quasi selbst zum höchsten aller Adligen und schafft sich in der neuen Aristokratie der Barbarei ein Plätzchen nahe der göttlichen Sonne. Die neue Ordnung dient auch dazu, den Bauern und ihren Arbeitern zu schmeicheln. Das ist ein Fünftel der Erwerbsbevölkerung, in protestantischen Gebieten haben sie 1932 teils zu neunzig Prozent NSDAP gewählt. Der Reichsnährstand «befreit» die bäuerliche Landwirtschaft, indem er den Bauern fast alle Freiheit nimmt. Ihr Land wird für die Bauern per Gesetz unverkäuflich, Darré verwurzelt sie auf diese Weise fest mit dem Boden. Der darf nun nicht mehr geteilt und nur an einen Nachfolger vererbt werden. «Bauer» dürfen sich nur die Besitzer von fünf bis hundertfünfundzwanzig Hektar Land nennen. Großagrarier bleiben «Landwirt». Der Reichsnährstand regelt fortan, welche Lebensmittel Bauern erzeugen und was sie kosten, er straft die Ungehorsamen. Der Führer posiert mit Goebbels auf einem Foto, das für den fleischfreien Sonntag wirbt.

Das alles fühlt sich für die braun-esoterische Avantgarde fortschrittlich, frei und undogmatisch an. Auch esoterisch inspirierte Ernährungsdogmen sind in der NS-Elite verbreitet und einflussreich. Himmler, Rudolf Heß und August Heißmeyer gehören neben Darré zu diesem Zirkel und denken sich neben dem Dachauer Heilkräutergarten manches andere Projekt aus. Alte Tierrassen werden kultiviert, Wisente und Auerochsen. Reichsmarschall Göring lobt die «Blutauffrischung». Speisen sollen natürlich werden. Eine Reicharbeitsgemeinschaft für Volksernährung verfasst «Nationalsozialistische Forderungen an das Brot»: ohne künstliche Konservierungsstoffe und Aromen. Der Ernährungsratgeber hat Konjunktur. Der Reichsnährstand gibt eine Reihe *Lustige Fibeln* heraus, über Gemüse, Hanf und Fisch. Die Regierung initiiert Kampagnen für Rohkost oder gegen Lebensmittelverschwendung («Kampf dem Verderb»), Vitamin-C-Aktionen an Schulen. Der Reichsernährungsführer propagiert deutsches Essen und ordnet an, auch Gastwirte sollten ihre Gäste dahingehend «erziehen». Landwirte bauen wieder mehr Futterpflanzen wie Erbsen an, um vom Sojaimport unabhängig zu werden. Es gibt ein Plakat, auf dem ein diabolisch gezeichneter Jude (er guckt über eine Wolke, auf der steht «Tabak-Kapital») vom Himmel herab Blumen, Boden und Volksgesundheit mit Zigarren torpediert. Die Nazis lehnen Genussmittel ab, aber es ist auch kein Geheimnis, dass Teile der NS-Eliten selbst ständig auf Droge sind.

Die Deutsche Gesellschaft für Ernährungsforschung wird 1935 gegründet, sie ist die Vorgängerin der heutigen Deutschen Gesellschaft für Ernährung (DGE). Posten fallen für die Parteitreuen an. Werner Kollath avanciert zum braunen Ernährungspapst. Seine Lehren von der Vollwertkost werden noch lange nach dem Krieg empfohlen. Zu NS-Zeit außergewöhnlich regimenah (etwa bekennender Freund von Zwangssterilisierungen als «edle Form der Humanität»), schrieb er nach 1945 akribisch Diätpläne und populäre Ratgeber, die etwa von einer «Lebensgemeinschaft» von Volk und Getreide handeln. Nach dem Krieg streicht Kollath aus seinen Lehrbüchern das Wort Rassenhygiene – und den Namen Goebbels habe er einfach durch Goethe ersetzt, spottet der Historiker Jörg Melzer. Bis heute fördert die Kollath-Stiftung die Erforschung von Vollwertkost, Ökolandbau und Ganzheitsmedizin. Melzer meint, dass etwa die DGE inhaltliche und personelle Kontinuitäten aus NS-Zeiten nie angemessen thematisiert habe.

In der Bonner Republik blieben die Gewächse des Reichsnährstandes einflussreich. Etwa im Agrarministerium, in der Agrarwissenschaft, wie eine fünfzig Jahre später von der Agrarministerin Renate Künast in Auftrag gegebene Studie des Historikers Andreas Dornheim zeigt. Ernst Günther Schenck, der als Arzt im Konzentrationslager Mauthausen Häftlinge bis zum Tod mit Biosyn-Vegetabil-Wurst ernähren ließ, fand nach dem Krieg in der Pharmaindustrie Anstellung und inszenierte sich schließlich als kritischer Buchautor über eben deren Machenschaften mit Büchern wie *Die Tabletten-macher* oder *Das menschliche Elend im 20. Jahrhundert*. Theodor Sonnemann, Staatssekretär unter Adenauer, kam vom Nährstand und blieb der Auffassung, der Einzelne sei nichts «vor dem Geschick der Nation und des Vaterlandes». Herbert Gruhl – später CDU, dann Grüne, dann ÖDP – war ein Gewächs des Reichsnährstandes, und Baldur Springmann, ein Biobauer, propagierte bei den frühen Grünen jenen Bioregionalismus und Mutterlandsliebe, von denen er einst als junger Krieger in Organisationen wie Stahlhelm, SA, SS und Schwarzer Reichswehr geschwärmt hatte. Bei den Grünen wurde dieser braun-ökologische Flügel bald von Kommunisten verdrängt, ehe sich die sogenannten Realos durchsetzten. Seitens des Bauernverbands bewahrte dessen Präsident Edmund Rehwinkel, der mit Polemiken gegen Industrielandwirtschaft für Subventionen stritt, die völkische Tradition in freundlicher Verkleidung, die in seinem Fall ein nett-bäuerlicher Schlapphut war.

Ludwig Klages: *Mensch und Erde*, Berlin 2013 [1929].
Jörg Melzer: *Vollwerternährung*, Stuttgart 2003.
Frank Uekötter, Joachim Radkau (Hg.): *Naturschutz und National-sozialismus*, Frankfurt 2003.
Andreas Dornheim: *Rasse, Raum und Autarkie*, online auf den Seiten des Bundesministeriums für Ernährung und Landwirtschaft 2011.

LAND UND LEUTE

PUTENMINISTERIN

These Zwölf
Die Nahrungsindustrie muss schöne Bilder liefern.

Astrid Grotelüschen war mit Sicherheit der letzte Mensch, der aus der Nahrungsindustrie in die Agrarpolitik wechselte. Ihre Geschichte ist auch eine Geschichte über die Mediendemokratie.

An der Eingangstür der Familie Grotelüschen hängt ein Trockenblumengesteck, an dem Herzen aus Filz baumeln. Auch innen ist das Haus dekoriert. Vor der Garderobe steht ein Igelchen mit Stacheln aus Stroh. Das Wohnzimmer ist hell und mit viel Holz, draußen wehen die Äste im Winterwind. Astrid Grotelüschen fragt, ob Tee oder Kaffee, und bringt dann Friesentee. «Ich bin beides, Tee und Kaffee», sagt sie in der Südoldenburger Mundart, die mit so wenigen Wörtern auskommt, dass man gerade versteht, was gemeint ist.

Astrid Grotelüschen wirkt in dieser Umgebung wie eine routinierte Hausfrau Mitte vierzig. Nichts erinnert daran, dass sie noch vor vier Monaten niedersächsische Landwirtschaftsministerin war und einen Apparat von fünftausend Mitarbeitern führte. Nur in den Mediatheken der Fernsehsender im Internet sind einige wenige Erinnerungen an sie geblieben: Bilder von Grotelüschen im Ministerium, kombiniert mit Nahaufnahmen sterbender Puten. Eine Pute liegt mit ausgepickten Augen auf dem Boden, die Augenhöhlen zucken noch leicht. Eine Pute liegt auf dem Rücken und rudert mit den Beinen in der Luft.

Es sind die Bilder, die Astrid Grotelüschens Karriere als Politikerin beendeten. Sie verließ die politische Bühne in den Augen der Zeitungsleser als «Putenministerin», «Putenlieschen» oder als «Symbolfigur der Massentierhaltung».

Andererseits war Astrid Grotelüschen eine Politikerin, wie der Bürger sie sich wünschen müsste. Sie war an einem Thema interessiert, weniger am Spiel der Macht, und sie hatte, bevor sie gewählt wurde, ein Leben außerhalb der Politik gehabt. Zu diesem Leben gehörte, dass sie und ihr Mann eine Brüterei betrieben, die Putenküken an Massenzüchter verkaufte. Das ist das erste Zahnrad im Getriebe der Geflügelindustrie. Da gibt es erst eine Elterntierzucht, dann die Brüterei, dann drei Aufzuchtstationen, dann das Schlachtband, Zerteilung, Verpackung, Export.

Grotelüschens sind die Brüter. An diesem Morgen sind Astrids drei Söhne noch in der Schule, ihr Mann arbeitet im Büro der Mastputenbrüterei Ahlhorn, einem mittelständischen Industriebetrieb mit rund vierzig Mitarbeitern, und Astrid Grotelüschen schaut aus dem Fenster und sagt, wie wichtig ihr der Garten sei in diesen Wochen. Sie ist keine glänzende Rhetorikerin, manchmal bricht sie die Sätze ab und beendet sie mit einem fragenden «ne?». Sie gibt sich keine Mühe, eine Frau von intellektuellem Format darzustellen. Aber dass sie blöd sei, das hat ihr niemand vorgeworfen, als sie das Ministerium führte.

Sie war eine Symbolfigur. In ihrer Amtszeit als niedersächsische Landwirtschaftsministerin habe sie keine fachlichen Fehler gemacht, behauptet sie. Dazu habe ihr die Zeit gefehlt. Ein paar ungeschickte Interviews, mehr nicht. Die acht Monate in Hannover waren für sie die Erfahrung totalen Kontrollverlusts. Die Bilder waren mächtiger. Sie konnte über Landwirtschaft sprechen, über Obstbau oder Ernährung an den Schulen. Sie konnte sagen, was sie wollte, immer ging es den anderen um sterbende Puten. Nachdem der Todeskampf der Pute im Fernsehen gezeigt wurde, bekam die Ministerin viele Schmäh-E-Mails, meist von Anonymen: Sie solle «einen Genickschuss verpasst bekommen», man solle sie in einen Käfig stecken, «bis Sie verrottet sind», «Dieses Weib gehört an den Pranger», «Scheiß Tiermörder … Nur weiter so, bis die Bürger zu den Waffen greifen, ihr Tierschlächter», «mit tier- und umweltfreundlichen Grüßen». Unter einem Youtube-Video zu Grotelüschen steht unter «Kommentare mit den höchsten Bewertungen»: «Erschießt die mal jemand bitte?»

Nach Ahlhorn südlich von Oldenburg war sie vor langer Zeit wegen ihres Mannes gezogen. Im Jahr 1986 studierte sie noch das Fach Ernährungswissenschaften, deshalb machte sie ein Praktikum auf einem Bauernhof bei Ahlhorn und lernte auf einer Scheunenfete Garlich Grotelüschen kennen. Sie verliebten sich, wie sie sagen, zogen Jahre später zusammen und heirateten. Sie begann in der Brüterei mitzuarbeiten, einem Betrieb, der Puteneier kauft und die geschlüpften, einen Tag alten Küken an Mastställe weiterverkauft. An vielen dieser Ställe ist die Brüterei auch beteiligt. Das Unternehmen wuchs unter Garlich und Astrid Grotelüschen stark und baute zahlreiche Tiermastanlagen in Mecklenburg-Vorpommern auf. Zumindest den Menschen scheint es hier gutzugehen, in jedem Fall den Inhabern. Astrid Grotelüschen erzählt, sie habe sich im Unternehmen schon früh wohlgefühlt, der Umgang sei familiär und freundlich. Die Mitarbeiter machten gemeinsame Frühstücke, gingen Spargel essen, und wer fünfundzwanzig Jahre im Betrieb sei, bekomme einen Reisegutschein. Als sie eines Tages in der Brüterei abkömmlich war und die Kinder weniger Mutter brauchten, trat sie der CDU bei. Das war vor elf Jahren. Sie trat, wie es sich gehört, auch der Feuerwehr bei, der katholischen Kirchgemeinde, dem Schützenverein, der Jägerschaft. So ist das in Ahlhorn, wo die Leute Massentierhaltung noch Veredelung nennen. Für die CDU saß sie mehrere Jahre im Gemeinde- und Kreisrat. Man begann sie für ein politisches Talent zu halten. Sie wollte Politik machen für die Leute, denen sie sich zugehörig fühlte. Familienunternehmen lagen ihr am Herzen, sie spricht viel davon.

Auf ihrem Weg in die Politik hat der wohlbeleibte Parlamentarier Karl-Heinz Bley sie, so gut er konnte, unterstützt. Sein Büro liegt in einem flachen Klinkerbau neben einer Autowerkstatt in der nahen Ortschaft Garrel. Bley hat füllige Wangen, einen satten Bauch, rosige Haut. Er trägt Bundfaltenhose, Wollsakko, beiges Hemd, Krawatte. Bley ist Kfz-Meister, einer der wenigen Handwerker im politischen Geschäft. Zwei Pragmatiker in der Politik, das hat sie verbunden. Er kannte Astrid Grotelüschen schon, als sie noch Kommunalpolitikerin war und er schon Landtagsabgeordneter. Sie sei zielstrebig und ehrlich, sagt Bley, und sei auf jede Sitzung exzellent vorbereitet gewesen, sie habe ihre Ämter ernster genommen als andere. «Von Astrid dachte ich früh: Das ist die Frau, die brauchen wir. Die sticht heraus», sagt er. «Es muss noch möglich sein, dass Unternehmer in die Politik gehen, damit man nicht nur regiert wird von Juristen und Beamten.» Astrid Grotelüschen war für ihn ein Gegenmodell zum gängigen Typus des Berufspolitikers. Er glaubt, dass sie deswegen gewählt wurde. Aber er hatte keine Ahnung, dass sie aus der falschen Industrie kam.

In der Kommunalpolitik stritt Astrid Grotelüschen zugunsten der regionalen Wirtschaft für den Krippenausbau oder für die «fliegerische Nachnutzung» eines Flugplatzes. Die Krippen entstanden, und auf dem Flugplatz wurde wieder geflogen. In der Gemeinde kennen sie sehr viele Menschen. Im Herbst 2009 trat sie zur Bundestagswahl an, als Direktkandidatin im sozialdemokratisch geprägten Wahlkreis Delmenhorst – Wesermarsch – Oldenburg-Land, den sie nach vierundvierzig Jahren erstmals für die CDU eroberte. Eine Sensation! Nach einem Jahr Wahlkampf: in Kreisverbänden, bei Krabbenfischern, Milchbauern und auf dem Schützenfest. Sie stellte viele Fragen, und wenn sie von einem Thema keine Ahnung hatte, sagte sie auch mal nichts. Bei einer Diskussion zum Ausbau der Küstenautobahn antwortete sie einmal, sie verstehe nicht viel vom Straßenbau und werde da jetzt nicht mitreden. Zuhörer sagten zu ihr: «Sie sind ja ganz normal, Sie sind eine gute Politikerin.» – «Manchmal» nur, erinnert sie sich, «war im Wahlkampf auch die Massentierhaltung ein Thema, aber auf einem anderen Niveau. Die Menschen hier kennen das, es ist ihnen nicht suspekt, im Gegenteil, sie sind stolz darauf, weil es ihnen Arbeitsplätze bringt und Gewerbesteuereinnahmen. Wir sind hier eben keine Kartoffelbauregion.»

Im Bundestag störte sie niemanden. Sie saß im Verkehrsausschuss, da sprach man über Stuttgart 21 oder Schleusenbauten in Mecklenburg. Ein gutes halbes Jahr später, im April 2010, rief der niedersächsische Ministerpräsident Christian Wulff an und bat sie nach Hannover, wo er fragte, ob sie Landwirtschaftsministerin werden wolle. Einerseits musste sie dafür ihr hart erkämpftes Bundestagsmandat aufgeben. Andererseits kannte sie sich auf keinem Gebiet besser aus als in der Landwirtschaft. Landwirtschaftsministerin – eine prima Idee!

Sie wollte dann die Ernährung zu ihrem Schwerpunktthema machen, zum Beispiel das Essen in Schul- und Kita-Kantinen verbessern. Als Ministerin hatte sie einen ihrer ersten Auftritte in einem Jägerverband. Sie sagte dort, wie man es eben so sagt unter Karnevalisten, Schützen oder in Jägerclubs, sie sei nicht nur die Putenqueen, sondern sie sei auch eine Jägersfrau. So als glaubte sie, alle seien auch jetzt noch ihre Freunde. In den ersten Wochen nahm die Ministerin ansonsten die Termine wahr, die ihr Vorgänger hinterlassen hatte. Sie erinnert sich, sie sei im ersten Monat dreihundertdreißig Stunden unterwegs gewesen, auf der Rückbank ihres Dienstwagens las sie sich auf den Fahrten in die Themen ihres Ressorts ein. Sie eröffnete ein Pferdemuseum, besuchte Jubiläumsfeiern und eine Agrarministerkonferenz. Doch da hagelte es schon längst Kritik von Tierfreunden. Astrid Grotelüschens Karriere ließ sich wunderbar und medientauglich in einem Satz zusammenfassen: Lobbyistin wird Ministerin. Dabei sah sie gar nicht aus wie eine Lobbyistin.

Die Bilder von Peta garnierten das Narrativ von der Lobbyministerin. Stefan Böckling arbeitete seit einigen Jahren für Peta. Er selbst nennt sich Detektiv. Böckling ist ein gedrungener, freundlicher Mann mit kurzgeschorenen Haaren, er trägt einen dünnen Ohrring, kariertes Hemd. Der Fall Grotelüschen war bislang sein wichtigster. In einem Frankfurter Café zeigt Böckling mir Hunderte Fotos von den Puten aus den Ställen, an denen die Mastputenbrüterei Ahlhorn beteiligt sei. Die Namen der Bilddateien beginnen mit «putenministerin-grotelüschen». Auf einigen sind widerliche Wunden zu sehen, auf anderen einfach eine Menge fetter Puten, die über Einstreu laufen.

An dem Tag, als Astrid Grotelüschen Ministerin wurde, begann Böckling mit seiner Recherche. Er durchforstete das Internet und das Handelsregister, reiste nach Mecklenburg-Vorpommern, um sich die Mastställe anzusehen. Mit einem ehrenamtlichen Helfer fuhr er zu vierundzwanzig Ställen. Zwei, in denen einige Tausend große Puten lebten, die bald geschlachtet werden sollten, standen offen. Die Ermittler traten nach Mitternacht ein und filmten. Dabei gelang es ihnen, das sterbende Tier zu filmen, das später im *Report Mainz* der ARD und in anderen Sendungen des NDR und in den Internetmediatheken einige Millionen Menschen sahen. Etwa jede zehnte Pute, meint Böckling, hätte eine kleinere Auffälligkeit gehabt, doch dies sei das einzige blutende und liegende Tier gewesen.

In dem Beitrag kommt auch Astrid Grotelüschen zu Wort, nachdem der Reporter sie mit den Fotos der Tierquälerei konfrontiert hat. Sie stockt und murmelt: «Wenn ich jetzt die Einzel... äh, Aufnahmen, äh, äh, betrachte, äh, diese jetzt hier, äh, dann würde ich natürlich, äh, sagen, ist das letztlich, äh, nicht wünschenswert.» Sie scheint überrascht zu sein, versucht sich herauszureden, stottert und steht wie eine Lügnerin da. Einem rhetorisch geschulten Profipolitiker wäre das nicht passiert. Aber Grotelüschen ist keine rhetorisch geschulte Profipolitikerin. Sie erinnert sich heute so an das Interview: Abends, nach einem langen Arbeitstag, kam ein Fernsehteam vom NDR ins Ministerium. Es habe sich zu einem allgemeinen Interview angekündigt. Nach vielen Fragen zum Verbraucherschutz und nach vielleicht einer Stunde, so sagt Astrid Grotelüschen, habe der Journalist dann plötzlich die Fotos der Puten gezückt.

Der Ermittler Stefan Böckling wirkt nicht minder ehrlich als Grotelüschen. Er müsste das alles nicht so sagen – dass die Pute in Großaufnahme die einzige liegende, blutende im Stall gewesen sei. Er dramatisiert nicht gern, das tut er nur fürs Fernsehen. Weil er weiß, dass diese Fernsehmagazine so funktionieren. Grotelüschen musste es erst noch lernen. Seit vierzehn Jahren ist Böckling Vegetarier. Die Puten, die ihr kurzes Leben in einem Stall mit siebentausend Artgenossen verbringen, tun ihm leid. «Ein Drang nach Freiheit, fliegen wollen, irgendwas steckt in den Tieren drin, das man nicht wegzüchten kann», sagt er. Dann öffnet er die nächste Datei auf seinem Laptop. Er zeigt einen mit Nachtsichtkamera gedrehten Film, einen Spaziergang durch den Stall. Die ungeschnittene Version. «Die ist so natürlich elendig langweilig, das kann man so auf keiner Pressekonferenz zeigen, da schlafen die Leute ja ein», sagt er. Ihm sei es immer um die Tiere gegangen, nicht um die Person Grotelüschen. «Die ist mir ziemlich schnuppe gewesen. Ich würde nicht einmal sagen, dass sie mir unsympathisch ist. Für uns war sie letztlich ein Glücksfall. Hätte es nicht so jemanden gegeben in dieser Position, hätten wir die Sache der Puten nicht in die Öffentlichkeit bekommen.» Er überlegt eine Weile und spricht weiter: «Vielleicht ist sie ja sogar genauso positiv für ihre Sache motiviert wie ich für meine.» Stefan Böckling machte es zu seinem Beruf, sich für ein Tierrecht auf körperliche Unversehrtheit einzusetzen, weil er, wenn er einmal als alter Mann auf sein Leben zurückblicken werde, sagen können möchte, dass er in seinem Leben etwas Gutes getan habe.

Viele Medien zeigten Böcklings Bilder. Die Anklage verbreitete sich schnell. «Qualzucht» nennt Peta die Zucht der in der konventionellen Landwirtschaft gebräuchlichen Putenrassen, weil diese hochgezüchteten, schnell wachsenden Tiere überproportional zu Fehlbildungen neigen. «Qualzucht» sagte plötzlich auch die agrarpolitische Sprecherin der niedersächsischen SPD, Schröder-Ehlers, eine Juristin. Und «Qualzucht» sagte auch Christian Meyer von den Grünen. Er war der schärfste Angreifer. Bei der nächsten Wahl kam ihm das zugute. Meyer wurde selbst Landwirtschaftsminister. Im Amt wurde er plötzlich milde. Die Putenindustrie gibt es immer noch.

Garlich Grotelüschen betritt das Haus, er hat Mittagspause.

Er sieht aus wie ein friesischer Seefahrer: Rollkragenpullover, blonder Vollbart. Mit Ende zwanzig trat er in den väterlichen Betrieb ein. Er bewundert, was sein Vater aus dem Nichts geschaffen hat. «Ich bin Landwirt geworden, weil ich mir gesagt habe: Essen müssen die Leute immer», sagt er, «aber dass man durch diesen Scheuersack mal durchmuss, das habe ich nicht erwartet.» Er bestreitet nicht, dass die Puten, die in seinem Betrieb schlüpfen, überzüchtete Rassen sind. Er sagt, er würde gern auch andere Puten liefern, aber der Verbraucher wolle das weiße, feste Fleisch dieser Rassen. Für die Zucht könne er nichts. Die liege weltweit in der Hand zweier Konzerne. Hendrix Genetics, das rund dreihundertfünfzig Millionen Euro im Jahr mit Puten-, Hennen-, Schweine- und Lachszucht umsetzt, und der zur niedersächsischen EW-Gruppe gehörenden amerikanischen Aviagen Group. Zusammen beherrschen sie rund neunzig Prozent des Weltmarktes für Geflügelgenetik.

Nachdem die Bilder der sterbenden Pute in der Welt waren, interessierte die Medien an Astrid Grotelüschen nichts anderes mehr als ihre Nähe zu den Qualzuchten. Einmal besuchte sie eine Agrarmesse, zu der viele Tausend Besucher kamen und wenige Demonstranten, die gegen den Bau des Hähnchenschlachthofs Wietze protestierten. Der NDR berichtete vor allem über die Demonstranten. Einmal hielt sie eine Rede über den Obstanbau im Alten Land, aber der Reporter interviewte sie zum Schlachthof. «Wietze – ich wusste anfangs gar nicht, dass das ein Hähnchenschlachthof wird», behauptet sie. Und die Staatsanwaltschaft hatte nach der Anzeige von Peta nicht einmal Ermittlungen wegen Tierquälerei gegen Grotelüschen aufgenommen. Aber das schien niemanden zu interessieren.

Im späten Herbst rief sie eine Arbeitsgruppe Tierschutz ins Leben. Das brachte ihr nur noch Häme. Zum Schluss fühlte sie sich müde und ohnmächtig. Wenige Tage vor Weihnachten teilte sie der Öffentlichkeit mit, sie wolle Schaden von ihrer Familie abwenden und von der Landwirtschaft. Deswegen lege sie ihr Amt nieder. Aber so, wie man hierzulande eben ist, blieb sie dickköpfig. Sie ging zurück in die Politik und wurde schon drei Jahre später mit ganz knapper Mehrheit in den Bundestag gewählt, wo sie nun wieder, als sei nie etwas gewesen, kaum jemandem auffällt.

SELBSTVERSORGER

These Dreizehn
Die Nahrungsindustrie muss das Ganze
im Blick haben – und damit leben, dass das Ganze
sie überfordern wird.

Das war meine erste Erfahrung mit Landwirtschaft überhaupt. Ich habe zufällig von Gottfried erfahren und radle hin.
Es sagt: «Bleib und schreib über mich – aber nur, wenn du ein
paar Tage hier lebst und mitarbeitest.» Er hat einen Sinn für
Spaß. Er nennt sich auch so: «Spaßbauer».

Tau liegt auf den schattigen Wiesen um den Hof, Gottfried
macht morgens Rückengymnastik. Dann geht er zur Quelle,
schöpft Wasser, trägt den Eimer ins Ofenzimmer und erhitzt
die zwei Liter. Lauwarm trinkt er sie. Um kurz nach sechs
steht Gottfried mit der Sense im Gras, wie in diesem Hoch-
sommer seit eineinhalb Monaten jeden Morgen. Er erntet
und trocknet das Gras, mit dem er im Winter seine Tiere füttert. Er will ohne Geräte auskommen, ohne Strom und Diesel.
Der Selbstversorger trägt Wadenstrümpfe aus Wolle, Leder-
hose und Wolljacke. Er lebt auf einem alten Hof, hat zwei
Kühe, zwei Kälber, neun Schafe, elf Lämmer, sechs Hühner,
einen Hahn, ein Küken, eine Ziege, eine Katze. Die kann er
mit seiner Muskelkraft ernähren, mehr nicht. Der Hof zer-
fällt. Draußen trocknet ein Fell in der Sonne, vor einer Regen-
wanne stehen schmutzige Einmachgläser, auf der Wiese ver-
streut liegen Tierschädel. Auf der Stalltür steht geschrieben:
«Ich bleibe auf dem Land / und ernähre mich, wie ich kann.»

Gottfried steht im Gras. Vierzig Tage Mahd hat er hinter sich, zweihundert Stunden. Fünfzehn Tage liegen vor ihm, bis eine Wiese abgeerntet ist, die kaum einen Hektar groß ist. Im Gras stehen Gänsedisteln, Ampfer, Weidelgras, Frauenmantel, Löwenzahn, Weißklee, Wiesenschwingel. Seine Kühe, meint Gottfried, seien wohl die einzigen in Deutschland, die nur handgeerntetes Heu fräßen. Er hat zwar nicht einen Nachahmer, aber sieht seine Wirtschaftsweise als Modell für die Zukunft. Er glaubt, dass nur die Handarbeit und der Nahrungskreislauf der Tiere eine positive Energiebilanz aufweisen und ressourcenverbrauchende Wirtschaft nur auf Zeit funktioniert. Er will so leben, wie er es für ökologisch tragbar hält. Nicht für bequem. «Das Paradies ist nun mal vorbei», sagt er.

Der Blick ist weit und schön. Auf der Wiese liegen Kuhfladen und Ziegenmist. Von oben überblickt Gottfried die Felder seiner Nachbarn. Einer brummt mit hundert PS übers Land. Sie spritzen hier das Unkrautbekämpfungsmittel Glyphosat. Es steht im Verdacht, Krebs zu erregen, und wird politisch immer umstrittener; aber es gibt auch Hunderte Studien, die sagen, es sei harmlos. Gottfried neigt zur strengen Sichtweise: Denn seit vor Jahren seine Frau und zwei Söhne ausgezogen sind, die so nicht mehr leben wollten, hat Gottfried sich auch vom kommunalen Wassernetz abgekapselt und ist zur Quelle zurückgekehrt, und nun hat er Angst, dass das Glyphosat einsickert. Er will das Wasser aber nicht auf Schadstoffe prüfen lassen, dann würde es ihm nur nicht mehr schmecken. Seine Quelle will er schützen: «Falls der Aldi einmal nicht mehr aufmacht.» Die Quelle fiel in den letzten Wintern manchmal trocken, dann ging Gottfried mit einem Eimer zur nächsten, vier Kilometer.

Das Kämpferische kommt vielleicht auch daher, dass Gottfried dieses Leben zu einem großen Teil aus intellektueller

Überzeugung gewählt hat. Das unterscheidet ihn von den alten Almbauern, den letzten ihrer Art, über die es Dokumentarfilme und Bücher gibt. Sie wirken darin immer so, als ruhten sie mehr in sich; auch wenn die Moderne ihnen ihre Lebenswelt stiehlt. Gottfried sieht zwar so aus wie sie, aber er lebt kein tradiertes bäuerliches Leben, sondern eins, das er, Jahrgang 1954 und Akademiker, neu erfunden hat.

Alles hier ist Handwerk, wie bei Manufactum: Gottfried melkt das Schaf und lenkt die Milch durch ein Spültuch in einen Tonbehälter. Danach füttert er die Ziege mit Brennnesseln und melkt auch sie, während sie ihm Schweiß unter den Achseln ableckt. Insgesamt gibt es einen Liter Milch, die bis zum Mittag ein fester Frischkäse sein wird und dann im Keller reift. Die restliche Milch bleibt in der Ziege. Gottfried zapft sie an, wenn er Lust darauf hat. «Die Ziege ist für mich so ein Süßspender.» Abends isst Gottfried Schafsziegenkäse und trinkt Quittenapfelwein. In der Abendsonne lehnt sich der Spaßbauer vor dem Gemüsebeet auf eine Schaufel, schaut den Hang hinab, auf dem Schafe und Kühe fressen, blickt über die Nachbarfelder und auf seinen Heuhaufen, der seit vierzig Tagen langsam wächst und so schief steht, als könne er jeden Moment umfallen. Manchmal aber kauft er Zucker im Supermarkt. Und auch Lavendelseife, Kerzen, Fahrradschläuche und Brot vom Biobauern, seinem Freund. Etwas Strom braucht er fürs Telefon. Der Einsiedler wäscht nur seine Bettlaken mit kochendem Wasser, die Kleidung mit kaltem Bachwasser und Molke, die säuerlich ist und Fett löst. Das Geschirr leckt er ab und spült es mit einer Wasser-Molke-Mischung. Als Spülmittel nimmt er auch Asche aus dem Ofen, die ist fettlösend. Sich selbst wäscht er im Bach und wöchentlich mit warmem Wasser und Seife. Im Winter beheizt er ein kleines Zimmer. Wie im Fernsehen zu sehen war, tanzt er dann crazy

Tango; und draußen im Nebel, sagte er, begegnen ihm Geisterwesen.

Dies ist die perfekte Kreislaufwirtschaft. Ohne Müll und ohne Verbrauch. Hier gibt es nicht mal ein Klo. Nur einen Blecheimer. Mit den Fäkalien, die sich darin ansammeln, düngt der Bauer die Wiese. «Für mich ist Scheiße Gold», sagt Gottfried. «Dass wir aus Scheiße Sondermüll gemacht haben, darin sehe ich das Symbol für den Niedergang unserer Kultur.» Die alte Methode; Jahrtausende weltweit praktiziert. Man hörte hier erst auf in den Nachkriegsjahrzehnten, weil im Kot und Urin der Leute nun so viele Medikamente enthalten sind, dass diese Ursuppe kein vorzüglicher Dünger mehr ist. Heute wird Klärschlamm meist verbrannt. Aber auch das hat Vorteile: Der Kot als Dünger war immer ein Ansteckungsherd für Krankheiten; im alten Rom, im alten China. Je heißer und feuchter das Klima, desto mehr. Man sollte es daher als Fortschritt sehen, dass die Scheiße vom Acker verschwunden ist, aber es muss sich erst noch zeigen, ob das nachhaltig ist. Auch Phosphor steckt im Kot. Ohne den wächst keine Pflanze.

Gottfried macht das alles, weil er sich verantwortlich fühlt für die Umwelt, aber auch, weil es ihm guttut. Erst die Öko-Lust, dann die Öko-Moral. Er glaubt trotzdem, dass eines Tages viele Menschen aufs Land zurück müssen. Er war in den siebziger Jahren in der linksradikalen Anti-Atomkraft-Szene, doch irgendwann wollte er nicht immer nur gegen alles sein, wurde Kleinbauer, zwar so ähnlich wie sein Vater, Jahrgang 1901, aber doch ganz anders, eben in einer anderen Zeit und gegen die Zeit. Und deshalb, weil er gegen die Zeit lebt, sind die Umarmungen, die er von der Zeit erfährt, so widersprüchlich: Viele Menschen aus der Stadt finden Gottfrieds Leben spannend, weil es nach Unabhängigkeit klingt. Er hält die permanente Suche nach Unabhängigkeit für den Fehler.

Die Stadt, in die er selten mit dem Rad fährt, ist ihm fremd geworden. Er findet, dass die Leute dort unglücklich aussehen. «In Mexiko oder Guatemala fand ich die Menschen schöner», sagt er. «Ich glaube, dass es sich in einem Land, in dem es kein Harz IV gibt, aber viele Kleinbauern, würdevoller leben lässt.» Vor ein paar Jahren hat er handschriftlich ein Buch geschrieben. An die Städter: «Arbeiten Sie ein halbes Jahr mit uns, und Sie werden nicht mehr von Umwelt reden, weil Sie dann erleben, dass Sie die Umwelt sind.» Mit den Stadtmenschen verträgt er sich am besten stillschweigend, beim Tangotanzen. Dahin radelt er donnerstags, anderthalb Stunden. Zum Tanzen setzt er seinen Filzhut ab und trägt eine schwarze Stoffhose und ein rotes Achselshirt. Im Hotel Wilde Rose trifft er ein städtisch-akademisches Publikum, es riecht nach Parfum. Bauer Gottfried riecht nach Bauer und nach Gottfried. «Er riecht nach Landwirtschaft», sagt eine Dame. Er tanzt barfuß und schwebt mit einer jüngeren Frau, die ein violettes Abendkleid trägt, über das Parkett, die beiden pressen die Stirn gegeneinander. Gottfried ist ein origineller Tänzer. Aber weil sie ihn nicht riechen können, wollen nur sehr wenige Frauen mit ihm tanzen. So ist es mit der Natur, wenn man sie aus der Nähe betrachtet und aus der Distanz: Was in der Distanz idyllisch wirkt, kann im wahren Leben müffeln.

Die Lebensweise ist kein Modell für die Gesellschaft; das war sie nicht mal im Mittelalter. Schon damals gab es Mühlen und Manufakturen, spezialisierte Handwerker, Bewässerungsgräben und Ressourcenverbrauch etwa von Erzen; Bauern lebten nie nur für sich, sondern erwirtschafteten Überschüsse, und Getreide und Gewürze wurden aus sehr fernen Ländern importiert. Der Selbstversorger ist keine tradierte Lebensform, sondern moderner Eskapismus; ein Gegenmodell zur Industriegesellschaft, das erst mit dieser aufkam. Industrie ist gekennzeichnet durch Spezialisierung, Standardisierung und Effizienzsteigerung. Sie hatte, so gesehen, ihren Anfang auch nicht erst im 18. Jahrhundert mit der Erfindung der Dampfmaschine, sondern entwickelte sich über Jahrhunderte in kleinen Schritten. So hat der Wirtschaftshistoriker Eric Jones die Geschichte geschrieben.

Alles davon ist wahr: Selbstversorgung ist narzisstischer Quatsch. Selbstversorgung ist schön. Selbstversorgung macht Spaß. Selbstversorgung tut der Erde nicht weh. Selbstversorgung ist keine Lösung. Ist Knochenarbeit. Produziert keine Krankenhäuser, keine Bibliotheken, keine Zivilisation. Die Widersprüche sind nicht aufzulösen. Aber vielleicht zu versöhnen?

Jan Grossarth: *Vom Aussteigen & Ankommen*, München 2012.
Eric Jones: *The European Miracle,* Cambridge 1981.

ZWEIERLEI VOM HÜHNERBARON

These Vierzehn
Die Nahrungsindustrie soll sich vernünftigen
Argumenten stellen.

Man kann nur staunen über das Fortbestehen der Agrarindustriebarone. In Velký Malahov, westliches Tschechien, sieht es fast so aus wie in der alten Heimat der Familie Pohlmann in Niedersachsen. Mais- und Stoppelfelder, eher flaches Land, riesige Tierställe. «Ceska Drubez», tschechisches Geflügel – die Ställe dieses Unternehmens gehören, so steht es in der Presse, zur Familie. So geht es in der freien Welt: Wenn man nicht mehr gewollt ist, geht man ins Nachbarland mit der Hühnerfarm.

Der Apfel fällt nicht weit vom Stamm. Und das Ei sowieso nicht weit von der Henne. Die neueste Geschichte von der Familie Pohlmann muss dem geneigten Tierfreund vorkommen wie ein Spuk. Pohlmann ist wieder in den Schlagzeilen. Im Sommer 2015! Schon vergessen? Pohlmann war der übelste Hähnchenmäster aller Zeiten, der in den siebziger bis neunziger Jahren die Stückzahlen in die Millionen schraubte, von der mittlerweile in Europa verbotenen engmaschigen Käfighaltung nicht abließ, tonnenweise verbotene Gifte zur Stallreinigung einsetzen ließ und ab 1997 ein gerichtliches Berufsverbot für die Tierhaltung in Deutschland kassierte. Vier Söhne soll der alte Anton Pohlmann haben, eine Tochter. So stand es damals in den Medien, seither blieben sie inkognito. Nur einzelne Informationen werden bekannt, wie vom tschechischen Betrieb, etwa durch die Spitzelei der Tierschutzaktivisten. Und plötzlich, an diesem Donnerstag, erscheint Stefan Pohlmann, einer der Söhne, auf der Seite drei der *Süddeutschen Zeitung*. Stilecht mit einem Foto aus den neunziger Jahren. Heute ist Stefan Pohlmann vierundvierzig Jahre alt und selbst groß im Geschäft – als Geschäftsführer der Bayern-Ei GmbH. Wohnhaft in Straubing. Auch er saß damals in Untersuchungshaft mit seinem Vater, wurde aber weitgehend entlastet. Wie jetzt weiter zu lesen ist, sei es immer noch schmuddelig bei Pohlmanns. Salmonellenvergiftungen in ganz Europa im vergangenen Sommer, die sogar zu zwei Todesfällen führten, sollen hier ihren Ursprung haben. Der Verdacht lautet: aufgrund hygienischer Nachlässigkeit. Die Infektionen ließen sich zu verseuchten Eiern des niederbayerischen Unternehmens aus Aiterhofen zurückverfolgen. Hunderte Menschen seien an demselben Salmonellentyp erkrankt gewesen. Ermittler beriefen sich auf eine Rekonstruktion der Lieferwege «und eine Art genetischer Fingerabdruck der Bakterien». Dieser sei nahezu identisch mit den Proben, die bei der Bayern-Ei genommen wurden. Die Staatsanwaltschaft Regensburg bestätigte Ermittlungen und Durchsuchungen. Die Frage sei, was der Geschäftsführer gewusst habe. Pohlmann junior schweigt. Monate später wird er zunächst in Untersuchungshaft genommen. Es könnte sein, dass er für lange Zeit im Gefängnis bleiben muss.

Und sein Vater? Die *Süddeutsche Zeitung* vermutete, dass er sogar weiter heimlich die Fäden ziehe im Unternehmen, das rund eine Million Hühner halte. Das lässt sich trefflich vermuten, bei so einem verschwiegenen Clan mit dieser anrüchigen Geschichte. Doch tatsächlich lässt sich nur spekulieren. Sicher ist, dass er irgendwann nach dem Verkauf seines Ei-Imperiums 1996 seine Heimat verließ. In Richtung Amerika.

Er wurde einer der größten Ei-Erzeuger in den Vereinigten Staaten. Nachdem er aber auch dort mit Hühnerfarmen nicht mehr erwünscht war, vermuten ihn heute die einen in Südafrika, andere in Costa Rica, andere in Indien. Alle drei Länder sind nicht für ausufernd strenge Regeln in der Hühnerhaltung bekannt.

Pohlmann senior beherrscht die Kunst des Versteckspiels. Auch von ihm ist kein neueres Foto zu finden. Heute, falls noch lebend, wäre er rund fünfundsiebzig Jahre alt; er war der Mann, der die Industrialisierung der Hennenhaltung, die ihren Ursprung im Nachkriegsamerika hatte, in Deutschland im großen Stil imitierte. Doch er trieb es viel weiter. Mit deutschem Ingenieursfleiß überperfektionierte er die amerikanischen Zuchtperversionen. Er ließ barackenartige Ställe in Reihe errichten, in denen bis zu fünfzehn Millionen Hühner ihren Dienst taten. Das Unternehmen war der größte Ei-Erzeuger Europas. Goldhuhn Eierhof GmbH hieß eins der Unternehmen. Das Goldhuhn erfreute sich einer tonnenweisen Behandlung mit verbotenen Chemikalien, auch wurde Nikotin zur Salmonellenbekämpfung gefunden, mehrmals gab es Verurteilungen. Mit Kohlendioxid vergasten seine Leute einen Hennenbestand, es wurden nachweislich Umetikettierungen vorgenommen. Anton Pohlmann fühlte sich, als die Schlagzeilen immer größer wurden, notorisch missverstanden und ungerecht behandelt. Er habe auch Arbeitsplätze geschaffen, sagte er bei einem der vielen Prozesse vor Gericht etwa, oder: «Im Grunde habe ich Tierschutz betrieben, weil ich die Hühner von den Milben befreit habe.»

Weitere erstaunliche Zitate aus dem Prozess – Interviews gab er fast nie – lauteten: «Die Hühner leben sauberer als viele Menschen in ihrer Behausung.» Oder zu seinem Berufsethos: «Etwas zu perfektionieren, vollkommen zu machen, Systeme zu entwickeln, die tipptopp zueinanderpassen.» Zur Tierliebe: «An einem schönen Pfau kann ich mich ergötzen.» Oder: «Wir haben doch ein Recht, die Dinge zu nutzen.»

Die Hennen, die er damit meinte, würden sich schon an die neuen Bedingungen gewöhnen: «Die Menschen haben sich ja auch erst an Schuhe gewöhnen müssen.» Sein rechthaberischer, selbstgefälliger und weinerlicher Duktus ging einher mit der lebenslangen Unfähigkeit umzudenken.

Anton Pohlmann ging nach Amerika und gründete die Buckeye Egg Farm in Ohio. Im Jahr 2010 mussten an diesem Ort Hunderttausende Eier zurückgerufen werden – Salmonellenverseuchung. Mehr als tausend Menschen erkrankten. Anwohner klagten über Käferinvasionen aus den stilecht grässlichen Stallbaracken. Die Behörden zwangen Anton Pohlmann zum Verkauf. Aber auch dort hatte ihn kaum jemand zu Gesicht bekommen. Die Lokalzeitung *Mohawk Leader* stellte die Frage: «Gibt es Anton Pohlmann überhaupt?»

Seine alten Ställe sind teils noch im Einsatz, mit Volieren oder Bodenhaltung statt Käfigen. Er verkaufte das deutsche Unternehmen für dreihundert Millionen Mark an die Deutsche Frühstücksei GmbH, bis heute Marktführer. Einer der Geschäftsführer hieß Aloys Grote, er galt als Pohlmanns rechte Hand. Auch dies erweckte den Eindruck, dass das Phantom Pohlmann irgendwie weg war, doch nicht gänzlich. Über verschlungene Holdingstrukturen, Freunde, Verwandte lässt sich auch trefflich regieren. Der Deutschen Frühstücksei und ihren Tochterunternehmen, etwa Ovobest, ein Marktführer für Flüssigei, geht es gegenwärtig prächtig. Sie bauen neue Hallen und Werke rund um Vechta. In denen geht es den Hühnern viel besser als zu Pohlmanns Zeiten. Jedenfalls ein kleines bisschen.

Heute leben sie – die Fleischhähnchen – in den Ställen vom

Wiesenhof. Die Deutschen lieben Wiesenhof. Zumindest essen sie in jedem Jahr Hunderte Millionen seiner Hähnchen. Andererseits gibt es heftigen Protest. Im Wiesenhof gibt es keine Wiesen und keinen Hof, aber immerhin geht jemand ans Telefon. Und hat, um im Bild zu bleiben, «die Eier», sich den Fragen eines Journalisten zu stellen, was ihn sehr von den anderen versteckten Hühnerbaronen unterscheidet, die zum Beispiel Pohlmann oder Rothkötter heißen. Peter Wesjohann ist der Chef. Er hat seinen Vater beerbt. Er wirkte höflich und bedacht, ein wenig ängstlich, als wir dieses Gespräch führten, weil es für ihn neu war, Interviews zu geben:

Herr Wesjohann, wenn die Buddhisten recht hätten und der Mensch, wenn er nicht vortrefflich gelebt hätte, als Tier wiedergeboren würde – wäre das nicht für Sie und uns alle ganz ärgerlich?

Also, ich bin katholisch erzogen worden und glaube da nicht dran. Aber wenn es doch so wäre, möchte ich am liebsten in Deutschland wiedergeboren werden. Hier geht es den Tieren besonders gut.

Auch als Huhn?

Ja, auch als Huhn.

Auch im Wiesenhof?

Auch im Wiesenhof. Von den Kontrollstandards sind wir sicher an der Spitze in Europa und auch auf der Welt.

Möchten Sie lieber als Biohuhn leben oder als konventionell gehaltenes?

Da müssen Sie eigentlich die Hühner fragen. Beide haben eine Lebensqualität.

Haben Sie auch schon mal Mitleid mit den Hühnern im Schlachthof empfunden, die nach dreißig Tagen filetiert werden?

Das Leben ist vergänglich, der Tod gehört dazu. Das ist

selbst bei uns Menschen so. Wir und unsere selbständigen Landwirte behandeln die Tiere vernünftig. Weil wir bodenständig sind, weil wir unternehmerisch wirtschaften.

Wiesenhof ist ein hoch arbeitsteiliger Industriekonzern. Darf man so ein Huhn als Industrieware behandeln – auch als Katholik, als Christ?

Ja, es ist erlaubt, das Tier zu vermarkten und es dem Menschen, auch vielen Menschen, als Nahrungsgrundlage zugänglich zu machen. Das ist seit jeher so. In unseren Betrieben wird zudem nichts weggeworfen: Federn, Knochen, Blut werden etwa zu Tierfutter, selbst das Fett aus den Schlachthäusern nutzen wir – als Kraftstoff für unsere siebenhundert Lastwagen. Alle unsere Betriebe sind umweltzertifiziert. Wer genau hinsieht, müsste erkennen, dass wir nicht so verkehrt denken.

Was ist aber los in Ihrem Schlachthof in Möckern, schimmelt es da immer noch, wie zu lesen war?

Möckern war immer ein hygienisch einwandfreier Betrieb. Sie sind eingeladen, fahren Sie hin. Neulich war die örtliche Presse da, sie waren ganz erstaunt, was darüber alles geschrieben worden war. Der Schlachthof wurde über Jahre immer in unabhängigen Zertifizierungen mit Bestnoten bewertet. Schimmel gab es vor Jahren nur einmal im Abfallbereich.

Sie sind seit drei Jahren Vorstandsvorsitzender der PHW-Gruppe, zu der Wiesenhof gehört. Früher berichteten die Zeitungen über Sie wie über jedes andere Wirtschaftsunternehmen. Seit ersten Fernsehbildern, die schreckliche Bilder von leidenden Puten zeigten, gibt es fast nur noch kritische Berichte. Warum, glauben Sie, haben die Journalisten früher ihre Arbeit nicht gemacht?

Es gab auch vorher schon kritische Journalisten. Wir haben in den vergangenen dreizehn Jahren, seitdem ich im Familienunternehmen mitarbeite, etlichen Journalisten die Produktionskette gezeigt. Dann sind kritische, aber trotzdem noch sachliche Dokumentationsfilme gezeigt worden. Das war fair. In den vergangenen beiden Jahren war das anders. Wir sind als einzige Marke der Fleischbranche mit einem sehr hohen Bekanntheitsgrad die ideale Zielscheibe. Teile der Medien wollen alle Missstände an uns festmachen.

In einem Stall sind fünftausend ausgewachsene Puten. Ist es da nicht «systemimmanent», dass der Mensch beim Anblick der Masse eher zutritt, wie aus einem Ihrer Betriebe bekannt wurde, als wenn er wenige Tiere füttert?

Nein. Mir konnte auch noch niemand sagen, was «Masse» ist. Tiere können auch in großer Anzahl sehr gut gehalten werden, das hängt vom Management ab.

Wenn es stimmt, dass die Medien feindselig geworden sind Ihnen und der Tierhaltungsbranche gegenüber – wieso?

Schauen Sie doch, wer mit welchen Themen Wahlkampf macht.

Die Grünen machen die Massentierhaltung zum Wahlkampfthema.

Genau, zum Beispiel. Da wird versucht, mit Emotionen und ohne Sachinformationen Stimmung zu machen. Andere Organisationen haben vielleicht finanzielle Interessen. Es sind ja immer dieselben Fernsehleute, die über uns berichten.

Und die haben unrecht?

Manchmal. Der letzte Bericht über Missstände im Schlachthof Möckern ist jetzt aus dem Internet entfernt worden. Er beruhte auf Aussagen eines ehemaligen Mitarbeiters, der sagte, er habe knöcheltief in Hühnerteilen gestanden. Der hat jetzt alles widerrufen. Mich irritiert grundsätzlich, dass solchen Leuten mehr geglaubt wird als den Behörden.

Zu den Grünen: Wenn die etwas abschaffen wollen, dann gelingt das meist. Auch wenn es dreißig Jahre dauert, siehe Atomkraft. Graut Ihnen vor der Zukunft?

Die Grünen haben, nun ja, eine gewisse Rigorosität. Ob das eine Bedrohung wird, weiß ich nicht. Am Ende des Tages müssen die Leute ja auch noch essen. Man kann ja fordern, die Tierhaltung abzuschaffen. Das hieße aber auch, den hohen Tierschutzstandard in Deutschland abzuschaffen und Fleisch zu importieren. Das wäre Politik nach dem Motto «Aus den Augen, aus dem Sinn». Aber nachhaltig ist das nicht.

Wie sieht die Hühnerhaltung der Zukunft für Sie aus?

Die Deutschen essen derzeit knapp neun Hähnchen im Jahr. Das sind viereinhalb Kilo unter dem EU-Durchschnitt. Deshalb werden wir auch weiter ein wachsendes Segment Geflügelfleisch sehen. Darin wird es unterschiedliche Trends geben, was die Aufzuchtbedingungen angeht. Schon vor mehr als zehn Jahren hatten wir ja Hähnchen, die mit mehr Platz und Tageslicht groß werden, angeboten, wir nannten sie damals Weidehähnchen. Sie kosteten doppelt so viel wie die normalen Hähnchen. Wir konnten gerade mal zwanzigtausend in der Woche absetzen. Als die Vogelgrippe kam, stellten wir es dann ganz ein. Aber wir bekamen den bayerischen Tierschutzpreis.

Immerhin.

Dann kam 2002 unsere Biohaltung. Diese Hühner waren dreimal so teuer. Während des BSE-Skandals verkauften wir die dreifache Menge, doch dann ging es stetig nach

unten. Jetzt verkaufen wir rund tausendfünfhundert
Biohähnchen in der Woche.

Haben die Skandalberichte nicht als Verkaufsförderung
gewirkt?

Nicht für Biohühner, aber für unser Alternativhuhnkon-
zept Privathof. Wir schlachten derzeit hunderttausend
sogenannte Privathof-Hähnchen die Woche, was nicht
schlecht ist für ein Alternativhuhn. Ende 2011 hatten wir
dieses Hähnchen kreiert, das zwischen Bio und konventionell liegt vom Standard und dem Preis, es hat Stroh-
ballen und einen Wintergarten und kostet vierzig Prozent
mehr. *(Der Verkauf stieg weiter an, das Produkt bekam ein*
Zertifikat vom Deutschen Tierschutzbund. Aber nur wenige
Supermarktketten boten es an. Im Jahr 2015 gab es immer-
hin fünfzig zertifizierte Privathof-Betriebe, die bis zu hun-
dertsechzigtausend Tiere pro Woche verkaufen. Im gesam-
ten Geflügelbereich liegt der Bio-Marktanteil in Deutsch-
land übrigens weiter bei weniger als einem Prozent.) Aber
trotzdem wird Privathof nicht mehr als zwei bis fünf Prozent des Gesamtmarktes ausmachen. Vielen Menschen
fehlt einfach auch das Geld dafür.

Und wenn die Leute einfach nur noch sonntags Fleisch äßen?

Die Leute essen ja nicht mal ein Hähnchen pro Monat.

Ihre Werbung trägt nicht dazu bei, den Verbraucher über die
real existierende Tierhaltung zu informieren – in engen Stäl-
len, ohne Tageslicht. Wieso nicht realistischer werben, damit
der Verbraucher weiß, woran er ist?

Wir bewerben die Produkte so, wie sie sind, und zeigen
darüber hinaus im Internet Videos, wie Geflügelhaltung
aussieht. Wir machen den Leuten nichts vor. Unser Mar-
ken-Logo kann ich nicht ändern.

Das könnten Sie, glaube ich, schon.

Dann habe ich aber keine Marke mehr.

Ihr Vater Paul-Heinz Wesjohann kennt die Erfahrung der Knappheit und sagt gern, günstiges Fleisch sei eine «Sozialleistung». Diese Erfahrung haben Sie nicht mehr gemacht. Ist es da schwieriger, den Sinn Ihres Geschäfts zu artikulieren?

Es ist schwieriger geworden, weil wir eine sehr wohlhabende Gesellschaft sind. Aber das heißt ja nicht, dass wir Deutschen immer oben bleiben. Das muss man immer im Hinterkopf behalten. Dann fällt man am Ende nicht so hart.

Ungefähr zwei Jahre später, im Jahr 2014, traf ich Wesjohann wieder. Mit dem Präsidenten des Deutschen Tierschutzbundes, Thomas Schröder, verabredeten wir uns zum Streitgespräch. Das erste Mal begegneten sich ein Fleischbaron und ein Tierschützer zum öffentlichen Austausch. Wesjohann klang kompromissbereiter als beim ersten Gespräch.

Sind Sie, Herr Schröder, auch gegen die Massentierhaltung, wie etwa die Grünen?

SCHRÖDER. Nein. Masse ist nicht das entscheidende Kriterium. Je mehr Tiere gehalten werden, desto kritischer wird es. Und zwar, weil die Beobachtung des einzelnen Tiers im Stall nicht mehr vernünftig möglich ist. Man muss alles vom Tier her hinterfragen: Was hat es für natürliche Bedürfnisse? Aber man kann auch große Bestände gut managen. Ich kritisiere die industriell geprägte Intensivhaltung mit einer Ausbeutung der Tiere.

Herr Wesjohann, können Sie mit diesen Begriffen etwas anfangen?

Unsere Tierhalter haben durchaus einen mitfühlenden Blick dafür, was das Tier braucht, sie leben mit den

Tieren. Aber ich sage nicht, dass wir perfekt sind. Es gibt heute mehr Know-how, mehr wissenschaftliche Erkenntnisse, und wir müssen uns schrittweise immer weiter verbessern. Damit kann ich etwas anfangen. Wir sind bereit, alternative Haltungssysteme zu erarbeiten und, falls der Handel und die Verbraucher das honorieren, das auszuweiten. Aber man muss uns zugestehen, dass wir wirtschaftlich überleben wollen. Sonst gibt es in Deutschland keine Tierhaltung mehr.

Herr Schröder, führen Sie eine elitäre Diskussion? Ein Huhn für zwei Euro – ist das nicht eine soziale Wohltat?

Diesen zynischen, bösen Vorwurf weise ich zurück. Der Vorwurf, wenn wir Tierschutz machen, gehe das gegen Sozialhilfeempfänger, ist idiotisch. Er lenkt ab von der Preistreiberei der Fleischbranche, die derzeit vor allem Aldi betreibt. Sie senken die Fleischpreise, statt das Bewusstsein für Tierleid zu schärfen. So erhöhen sie die Preisabstände zu Fleisch aus artgerechter Haltung weiter. Andererseits tut Aldi so, als würden sie beim Tierschutz vorn mitmischen. Das ist zumindest scheinheilig. Das Grundproblem ist: Das Fleisch ist zu billig.

Ist der Verbraucher ein Opfer, oder ist er nicht auch ein Heuchler?

SCHRÖDER: Er ist beides. Er ist Opfer und Täter – ich sage Täter, nicht nur Heuchler. Er hat auch eine enorme Wissenslücke. Zehntausende Hühner im Stall, das ist Standard. Das ist aber kaum jemandem bewusst.

Herr Wesjohann, ist der Wiesenhof ein Täter, ein Heuchler, ein Opfer – oder ein Dienstleister, der legitime Ansprüche von Kunden bedient?

Dienstleister. Der Markt sucht sich seinen Preis. Unser Biohähnchen ist dreimal so teuer wie ein normales. Die langsam wachsende Rasse hat weniger Brustanteil, weniger Fleisch. Eine Familie mit zwei Kindern braucht zwei Biohühner, um satt zu werden, das kostet pro Biohuhn rund zehn Euro. Für eine normale Familie ist das viel. Und wenn sich Verbraucher so orientieren, dass sie ihr Geld lieber für ein neues Auto oder ein iPhone ausgeben, ist das ihre Freiheit. Wir müssen sie dazu kriegen, dass sie mehr für das Essen ausgeben.

KONVERTIT VON INDUSTRIE ZU ÖKO

These Fünfzehn
Die Nahrungsindustrie dürfte ruhig auch mal
etwas wagen.

Dieser Ort, im Schoß der Natur, macht ein erhabenes Gefühl. Vom Landgut blickt man herab auf Äcker und Weiden, und weit hinten erhebt sich der Alpenkamm. Das Erhabene im Blick, das Wachsen und Werden vor der Nase, das Profane vor den Füßen: Schweine, Hühner. Das ist Schweisfurths Leben.

«Das ist das Sulmtaler Huhn, früher nannte man es Kardinalshuhn, eine uralte Rasse», erzählt der Gutsbesitzer Karl Ludwig Schweisfurth. Sein Landgut Herrmannsdorf ist die Welt, die er schuf und sorgsam beobachtet. Mit Trachtenjacke und buntem Schal und Filzhut spaziert er, vierundachtzig, über das Gehöft. Um seinen Hals hängt eine Goldkette mit Stierfiguren, am Hut pendelt ein Mini-Schinken aus Holz, der alte Mann sieht aus wie ein guter Hirte und auch ein bisschen so, wie man sich einen Künstler vorstellt. Schweisfurth begrüßt mit tiefem Blick aus hellblauen Augen. «Ich zeige Ihnen hier, wie wir Lebensmittel produzieren – Lebens-Mittel, die Betonung liegt auf Leben.»

Herrmannsdorf ist eine Gegenwelt zu den Fleischfabriken. Der gute Hirte exerziert auf seinem Landgut bei München seit dreißig Jahren Landwirtschaft wie aus dem Bilderbuch. Die Lebensmittelmanufaktur «Herrmannsdorfer», die Brot, Bier, Milch und Fleisch direkt am Hof und in München verkauft, hat er an die Kinder übergeben. Der Vater beobachtet, denkt und schreibt. Oberhalb des Landguts lässt er Schweine, Hühner und Esel friedlich miteinander leben. Das Schwein weidet, es frisst nichts als Gras und wühlt Wurzeln aus dem Boden, es schützt die Hühner vor Raubvögeln, das Huhn dankt es ihm, indem es parasitäres Kleingetier vom Schwein pickt, und der Esel frisst die Disteln – dies alles geschieht antibiotikafrei, pestizidfrei, sojafrei, rundum frei. «Symbiotische Landwirtschaft» nennt Schweisfurth sein Werk. Die Schweine wühlen den Boden auf, man braucht keinen Traktor, keinen Diesel. Alles Natur. Wenn kein Grashalm mehr steht, geht die Tierfamilie auf die nächste Weide. So schön. So teuer. Der Weideschwein-Schinken kostet viel mehr als der teure Bio-Schinken. Mit seinem Werk kann Schweisfurth gut leben. «Ich will hier das Maximum vorleben, was in der Landwirtschaft geht, ich will ein Leuchtturm sein», sagt er.

Aber er könnte nicht so leben, wenn nicht sein vorheriges Leben gewesen wäre. Damals hatte er Millionen Schweine in Massentierhaltung. Er ließ die Tiere auf Fließbändern im Akkord schlachten und verkaufte die Wurst in Vakuumfolien. Er machte die Wurstfabrik Herta vom Familienbetrieb zum Industriekonzern. Den verkaufte er später für viele Millionen Euro an Nestlé. Ohne diese Millionen könnte er jetzt nicht in Herrmannsdorf leben und sich an den freien Schweinen freuen. Der alte Mann weiß es, er nennt das «Entwicklung».

Die meisten Schweine leben nicht auf der Weide, sonst bräuchte Schweisfurth viel mehr Platz, um die Nachfrage in München zu bedienen. Sie leben im Stall und können draußen auf Stroh liegen; normale Biohaltung. Viele kommen von Höfen aus dem Umland. Ihr Fleisch ist teurer als anderes Öko-Fleisch, weil auch das letzte Stündlein hier besonders ist. Persönlich, handwerklich. Dreißig Schlachtungen in der Woche. Der Metzger führt die Tiere einzeln, so dass sie ganz ruhig sind, in einen kleinen Schlachtraum und betäubt sie, wenn sie nichts ahnen, mit einem Bolzenschuss. Alles nach handwerklicher Tradition: Der Körper wird nicht wie üblich am Fließband von ungelernten Arbeitern zerkleinert, die immer nur jeder einen Schnitt machen, sondern von echten Metzgern liebevoll zerteilt. Wenn das Fleisch noch körperwarm ist. «Ich bin immer noch tief berührt, wenn ich ein Tier töte», wird der Metzgermeister Jürgen in einem Prospekt von Herrmannsdorfer zitiert, «meine Ruhe und Achtsamkeit überträgt sich auf das Tier». Es folgt eine Fotodokumentation der Schlachtung mit martialischen Titeln:

Selbst Hand anlegen, sich die Hände blutig machen.

Sich einlassen auf das getötete Tier.

Den Genuss des Fleisches sich redlich erarbeiten.

Klaffend wie eine Wunde ist der ausgeweidete Körper.

Das Herz – nun in Menschenhand.

Schlachten ist Hand-Werk im besten Sinn des Wortes.

Staunen vor dem Großen.

Das Werk ist getan. Zufriedenheit kehrt ein.

Das Schlachten erhält an diesem Ort einen besonderen Sinn. Das fällt an vielen Stellen auf. Überall auf dem weitläufigen Hof hängen Schilder mit Aphorismen, die das Signet von Karl Ludwig Schweisfurth tragen: ein schlangenähnlich geschwungenes *KLS*. Etwa: «Landwirtschaft und Lebens-Mittelerzeugung sind zuallererst und ihrem Wesen nach kulturelle Veranstaltungen, die dem Leben dienen.» Die Schilder lassen die Tiere sprechen: «Guten Tag. Wir sind die Muttersauen in Herrmannsdorf. Wir gehören zu der inzwischen wieder berühmt gewordenen Schwäbisch-Hällischen Rasse. Die Nazis haben uns fast ausgerottet. Vielleicht, weil unsere Ur-Ur-Ur-Ur-Großväter aus China kamen.»

Vater Schweisfurths Weg: vom Fleischindustriellen zum

Bewahrer des Handwerks, vom Agrarindustriellen zum Öko-bauern. Sein Lebenslauf liest sich wie der eines Konvertiten. Der Titel seiner Autobiographie: *Der Metzger, der kein Fleisch mehr isst ...* Punkt, Punkt, Punkt. Beim Rundgang durch die Schlachträume und die Gewölbekeller, in denen Schinken reifen, bietet er zum Probieren an, was der Wurstkessel hergibt: Mett von der Tagesschlachtung («Sagen Sie ehrlich: Hat Sie der Gedanke gestört, dass dieses Tier vor zwei Stunden noch gelebt hat?»). Weißwurst, Steak vom Weideschwein, frische Bratwurst. Er isst immer gern mit. Denn – Punkt, Punkt, Punkt –: Er ist ein Metzger, der kein Fleisch mehr isst ... wenn er nicht weiß, wo es herkommt. Er weiß, wo es herkommt, beißt in eine warme Weißwurst aus dem dampfenden Kessel. «Herrlich! Die wichtigste Zutat ist: Leben.»

Hier hat er sich eine natürliche Kunstwelt geschaffen. Mehr Öko geht nicht. Jeder weiß, dass damit die Erdbevölkerung nicht annähernd ernährt werden könnte, auch wenn sie weniger Fleisch äße. Schweisfurth weiß es auch. Er reagiert nicht, wie manche andere Öko-Idealisten, gereizt, sondern wird nachdenklich, wenn dieses Dilemma zur Sprache kommt. «Ich habe, ehrlich gesagt, darauf keine Antwort.»

Im Schlachthaus hängen Kunstwerke, die Schweine, angedeutete Schweine, Jagdszenen und dergleichen zeigen. Überall auf dem Landgut, zwischen dem aus Holz gebauten Restaurant, der Brauerei, dem Hofladen mit Münchner BMW davor, selbst im Schweinegehege steht Kunst: alte chinesische Schweineskulpturen, ein Bulle aus Bronze, eine sauteure Skulptur von Markus Lüpertz. Auch das Fleisch wird wie Kunst präsentiert: Im Restaurant liegen die Schweineteile in einer Glasvitrine und erstrahlen in hellen Lichtspots.

Der alte Schweisfurth selbst meint, sein Leben habe mehr Kontinuität, als man auf den ersten Blick meinen kann: «Ich war immer Metzger, ich bin Handwerker und Unternehmer, und das war immer so.» Unternehmer wurde er mit Mitte zwanzig. Seine erste Wende, in den fünfziger Jahren: Karl Ludwig Schweisfurth, der halbherzig BWL studiert und mit ganzem Herzen eine Metzgerlehre macht, reist mit anderen Sprösslingen deutscher Wurstmanufakturen nach Chicago. Der Vater schickte ihn da hin, ein Nazi-Mitläufer, der von der Kriegswichtigkeit seiner Wurstfabrik profitierte und viele Zwangsarbeiter beschäftigte, die angeblich gut behandelt wurden. In Amerika sehen die Söhne Schlachthöfe mit zigtausend Tieren und Fließbandarbeit wie in der Autoindustrie. Karl Ludwig ist von dem Gedanken beseelt, diese technische Segnung nach Deutschland zu bringen. Als er seinem Vater davon erzählt, erlaubt der das und übergibt dem Sohn die Verantwortung. Er lässt Fließbänder und Kühlhallen bauen. Dann kam die Vakuumfolie. Jetzt konnte er frisches Fleisch haltbar machen, weit verschicken und im Supermarkt verkaufen, nicht mehr nur beim Metzger. Damit begann das Sterben des Metzgerhandwerks und der Siegeszug der Fleischindustrie. Die Fleischer hassten Schweisfurth dafür. Als er Herta anderen überließ, war es der größte Schlacht- und Wurstkonzern Europas, Jahresumsatz 1,5 Milliarden Mark. Der zweite Wandel hatte einige Jahre zuvor begonnen: als die ökologische Bewegung den Zeitgeist immer mehr prägte, in den frühen Achtzigern. Schweisfurth, Anfang fünfzig, war damals nicht Demonstrant gegen Atomkraft und Waldsterben. Er war einfach ein hart arbeitender Wurstfabrikant, der wichtigste Mann in Herten mit mehr als fünftausend Mitarbeitern. Aber zunehmend haderte Karl Ludwig Schweisfurth mit zwei Dingen: Herta musste sich spezialisieren, um nicht von der Konkurrenz überrannt zu werden. Weniger Wurstsorten, weniger Metzgermeister, mehr Hilfsarbeiter. Kosten senken.

Produktion erhöhen. Da wollte er raus. Der freie Markt engte ihn ein. Das Übermaß an Industrie, die er selbst importiert hatte, nahm ihm plötzlich die unternehmerische Freiheit. Er erkannte es und lief davon weg.

Auf seine alten Tage genießt er den Fernblick. Die Konstante seines Lebens aus seiner Sicht: Handwerk. Schlachten. «Ich bin in meinem Metier geblieben, ich bin passionierter Metzger, aber habe das transformiert in eine neue Zeit. Ich will auch nicht die alte Landwirtschaft wieder. Ich mache keine Öko-Romantik. Das hier ist machbar.» Auch gegen Technik habe er nichts, sagt er. Sie sei gut bis zu dem Punkt, an dem der Mensch nicht mehr begreife, was sie mit dem Leben mache. Der Gewölbekeller ist eine Schatzkammer voller Schinken, Schimmel, Rauchduft. In zwei Kellern hängen Schinken im Wert von einer halben Million Euro. Nun beobachtet er Schweine und Hühner vom Hochstuhl aus und reflektiert die indianische Weisheit vom weißen Mann, der die Erde kahl schor. Dass er selbst sich im Gespräch und in den Büchern auch fundamental widerspricht, scheint ihn nicht zu stören. Mal sagt er: «Ich will hier ein Beispiel geben und die Messlatte hochhängen, ich will das Beste machen, was möglich ist.» Dann formuliert er durchaus Absolutheitsanspruch für seine Agrarwelt: «Im Grunde können Sie derzeit Fleisch nur von Herrmannsdorfer kaufen.»

Karl Ludwig Schweisfurth: *Der Metzger, der kein Fleisch mehr isst …*, München 2014.

KONVERTIT VON ÖKO ZUR INDUSTRIE

These Sechzehn
Was wir essen, ist nicht das Wichtigste auf der Welt.
Die Wahrheit ist wichtiger, und die hat viele Facetten.

Als Udo Pollmer ein junger Mann war mit langem Bart, langen Haaren und antiautoritärem Herzen, machte ihn ein spontaner Erfolg zum Publizisten. Sein erstes Buch wurde zum Bestseller, Pollmer berühmt. Das war 1982. Pollmer und seine Koautorin und Lebensgefährtin Eva Kapfelsperger hatten sich etwas getraut: *Iß und stirb* war der harte Titel ihres aufklärerischen Buchs über Hormone im Fleisch, Pestizide im Gemüse und andere Schrecken der industrialisierten Ernährungswirklichkeit. Die Industrie war sofort gegen Pollmer. «Nach dem Buch hätte ich als Lebensmittelchemiker keinen Job bekommen», sagt er. Die Bürger aber applaudierten ihm damals.

So einfach ist es heute nicht mehr. Kürzlich erhielt er Morddrohungen. Denn sein neues Buch ist eine Warnung vor dem Veganismus. Das Essen ohne Fleisch, Milch, Eier und Honig ist im Trend; teils aus Gründen der Gesundheit oder Tierliebe, teils aus politischen Gründen. Der alte Pollmer schmeckt manchem jungen Veganer nicht. Udo Pollmer lässt sich von bösen Texten auf Facebook und im E-Mail-Postfach aber nicht beirren. Er kontert mit Sätzen wie diesen: «Wir sind Säugetiere, das heißt, wir werden in anderen Säugetieren eher das finden, was unser Körper braucht, als in einer Staude am Wegesrand. Wenn Mütter sagen: Mein Kind bekommt weder

Milch noch Fleisch, sondern Rohkost und Smoothies, dann frage ich mich, ob das Kind wohl von einer Gurke abstammt. Dann sind rohe Gurken sicher ein vollwertiges Lebensmittel.» Pollmer ist humorvoll. Der Ernst, mit dem die anderen über Ernährung reden, ist ihm fern. Wenn er zum Beispiel auf einer Tagung eines Verbands eine halbe Stunde spricht, zündet er ein Feuerwerk an Ironie, wie man es im Karneval vergebens sucht. So eine Rede gerät zum Rundumschlag gegen alle Ernährungsheiligkeiten: Rohkost und Bio, Gemüse und Soja, fettfreies Essen. Das Gift aus *Iß und stirb* ist nicht mehr Pollmers Kernthema. Abgelöst hat es jener merkwürdig naive Verbrauchertyp, der – in Pollmers Diktion – «handgestreichelte Möhren» verlangt und glaubt, alles Gute und Böse komme durch den Magen.

Was ist los mit diesem Pollmer? Er behauptet fest, er sei ganz der Alte: Nicht er habe sich gewandelt, sondern die Welt um ihn herum. «Meine Generation ist seit 1985 bei ihrer Weltsicht geblieben», sagt er. «Sie glaubt immer noch, dass hinter allen bösen Dingen die mächtige Industrie steht, die nur Böses im Sinn hat und der Menschheit Gifte aller Art unterjubelt.» Damals, sagt er, habe es dafür bessere Gründe gegeben. Krieg und Hunger in Erinnerung, habe man sich den Glauben an den technischen Fortschritt von wissenschaftlichen Erkenntnissen nicht vermiesen lassen wollen. Weil er das in *Iß und stirb* aufgriff, wurde er ausgelacht. «Aber inzwischen ist das Pendel auf die andere Seite geschwungen. Wenn heute jemandem ein Furz querliegt, dann glaubt er schon, er würde von Handystrahlen durchbohrt.»

Am Anfang standen für ihn Beobachtungen aus dem Studium. In einer Vorlesung hieß es: «Schadstoffe sind in Deutschland verboten, die brauchen Sie nicht lernen, die gibt's nicht.» Gegenüber in der Münchner Staatsbibliothek waren die Regale voll mit Zeitschriften, die sich diesen Stoffen widmeten. Es reizte ihn, mit dem Buch zu provozieren. Damals, in den Achtzigern, fuhren die Obstbauern nach seiner Erinnerung jeden Tag mit einer Giftmischung raus und nebelten alles ein, im Ruhrgebiet konnte man vor lauter Ruß aus den Schornsteinen die Wäsche nicht draußen aufhängen, im Rhein gab es kaum Fische wegen der giftigen Industrieabwässer. Heute sei mit all dem Schluss, doch die Kritik habe sich verselbständigt. Publizisten, meint Pollmer, «reiten tote Pferde einfach weiter – dabei gäbe es durchaus neue, ernste Probleme». Zum Beispiel: die massive Zunahme von Darmentzündungen durch Rohkost.

Pollmer hat mit sechzig Jahren den Status eines Urviechs erreicht: tiefe Stimme, unbestechlicher Händedruck, Bauch; Matjes in Sahnesoße zum Mittag, Salatbeilage bitte weglassen. Er spricht lange Sätze und viele. Hat so viel Wissen und Zorn angesammelt, dass er von einer verstörenden These zur nächsten springt. Ein Laie muss denken: Hat das Hand und Fuß? Fragt man nach, kann er immer gut begründen. In seiner Wohnung hat er eine Bibliothek aufgebaut mit Hunderten Werken aus der Toxikologie und Esskultur. Pollmer dekonstruiert ungeniert alle Ernährungstrends der Zeit: Tierisches Fett sei vorteilhaft, Wurstsalat reicher an Vitamin C als Kopfsalat, Pommes für Kinder besser als Pellkartoffeln. Nicht Zucker, sondern Süßstoffe machten dick. Die Begründungen in Kurzfassung. Zum Fett: Egal wie viel Pflanzenöl ein Mensch verzehrt, sein Körperfett ist stets «tierisches Fett»; die Entwicklung von Milchfett (Butter) die Voraussetzung fürs Säugen, für die Evolution der Säugetiere. Und das soll ungesund sein? Zum Wurstsalat: In Kopfsalat ist fast kein Vitamin C enthalten, Wurst dagegen wird aus technischen Gründen viel Vitamin C zugesetzt. Nitrat: werde im Körper zu Nitrit umgewandelt, im Magensaft entstehe ein hochwirksames Desinfektionsmittel, das vor Keimen schütze. Kartoffeln: enthalten giftige Abwehrstoffe, die sie vor Schädlingen schützen sollen – und die das Frittieren unschädlich macht. Süßstoff täusche den Gaumen, weshalb der Appetit auf echten Zucker danach umso größer sei.

«Wenn Sie solche Informationen finden und popularisieren möchten, dann haben Sie Widerstände ohne Ende», sagt Pollmer. Die ist er gewohnt. Zuerst kamen sie aus der Industrie, dann von den Ernährungsberatern, dann plötzlich von den Grünen: Denn Pollmer schrieb, sie hätten die BSE-Krise für ihr Vorhaben einer Agrarwende instrumentalisiert. Und nun sein neues, mit dem Koautor Georg Keckl, einem verrückten, wahrheitsliebenden, irre einseitigen Agrarstatistiker, verfasstes Buch mit der These: Vegetarismus wird die Welt nicht retten. Klappentext: Konsequent realisierter Veganismus bedeutete das Ende unserer Zivilisation. Nun laden ihn die Agrarier, die ihn früher links liegen ließen, für Vorträge ein. Durch die Intensivierung der Landwirtschaft sei es gelungen, sagt Pollmer, die meisten Menschen satt zu kriegen: Vor hundertfünfzig Jahren hätten achtzig Prozent der Deutschen auf dem Feld oder im Stall arbeiten müssen, als Mägde und Knechte. «Dass ich die Freiheit hatte, Lebensmittelchemie studieren zu dürfen, verdanke ich der hohen Produktivität der Landwirte. Dieses Licht ist mir erst später aufgegangen.»

Er redet lang und nimmermüd. Aber eine Frage im Gespräch beantwortet er mit einem Wort: «Herr Pollmer, wird das Thema Ernährung eigentlich überschätzt?» – «Ja.» Dann schweigt er kurz und lacht laut und aus tiefstem Herzen. «Ja. Es ist ganz einfach. Ja.»

Udo Pollmer, Eva Kapfelsperger: *Iß und stirb*, Köln 1982.
Udo Pollmer: *Don't Go Veggie!*, Stuttgart 2015.

HEUTE UND MORGEN

MONSANTO UND ANDERE ZÜCHTER

These Siebzehn
*Die Gentechnik ist genauso, wie die Industrie selbst,
ambivalent. Dort, wo Gentechnik politisch gewollt ist,
sollte sie intelligenter eingesetzt werden.*

Monsanto liefert Geschichten von Korruption und gemeinen
Patentklagen, von gekauften Studien und unheimlichen Ver-
netzungen des Saatgutkonzerns in die Politik und in die Wissenschaft. Zusammengenommen kann das eine kriminalisti-
sche Prosa ergeben, die zum Schluss kommt, hier strebe jemand nach Weltmacht und totaler Kontrolle. Ein Monopolist,
der sich das Lebensnotwendige patentieren lässt. Wenn Bürger gegen Monsanto demonstrieren, gibt es auch Schilder zu
sehen, auf denen Totenköpfe und Gasmasken zu sehen sind:
«Gentechnik tötet!» Oder solche, die illustrieren, wie dem
Chef von Monsanto der Kopf abgeschnitten wird. Der Protest
ist nicht neu und kommt nicht zur Ruhe.

Was sagen die Kunden, die Saaten von Monsanto kaufen?
Genmanipulierte Pflanzen, die in Deutschland verboten und
politisches Tabuthema sind und nur in Teilen Europas mehr
als Zukunftstechnologie denn als Bedrohung wahrgenommen werden, dominieren längst in Nordamerika. Die Auf-
regung findet auch hier statt; in den Städten. Auf dem Land
aber, und das ist hier weit weg von der Stadt, dort, wo die
Saaten wachsen, ist die Revolution in aller Stille passiert. Zum
Beispiel in Kalifornien. Trocken sind die Böden hier, etwa
rund um die Stadt Tulare südöstlich von San Francisco. Das

ist trotz der Trockenheit die Region in den Vereinigten Staaten, in der am meisten Milch erzeugt wird. Um die Milchkühe zu füttern, bauen die Farmer Mais an. Hier protestieren nur die Farmer – nicht gegen Monsanto, sondern gegen politische Pläne, die Landwirtschaft zu sparsamerem Umgang mit dem Wasser zu zwingen. Entlang der langen Straßen haben Farmer Protestschilder aufgestellt: «Wasserkürzung = höhere Lebensmittelpreise!» Bewässerungsgräben fluten die Felder, Flugzeuge düngen und spritzen. Der Klimawandel ließ die Schneefälle in der nahen Sierra Nevada weniger werden und damit die Menge an Schmelzwasser, das im Sommer eine wichtige Wasserquelle ist. Aber es ist auch so, dass der Mais mehr Wasser braucht, je größer die Ernten sind. Der größte Teil wird zu Tierfutter.

Kalifornien gilt als Gewächshaus Amerikas, und Amerika ist eins für die halbe Welt. Und deren Experimentierlabor. In Kalifornien, wo die Geschichte der Pflanzengentechnik in den achtziger Jahren im Unternehmen Calgene begann, das später wie viele andere von Monsanto geschluckt wurde, wächst kaum noch eine Mais-, Soja- oder Baumwollpflanze, deren Erbgut nicht im Labor verändert wurde. Und für deren Nutzung die Farmer nicht jährlich eine hohe Gebühr an die Gentech-Konzerne zahlen. Die meisten Pflanzen sind gegen Schädlinge resistent, gegen das Pestizid Glyphosat oder beides. Auch in vielen Entwicklungsländern nehmen die Anbauflächen zu. Die Pflanzen kommen nicht nur von Monsanto, sondern auch aus den Laboren von Pioneer, Syngenta, Bayer, KWS, CAAS aus China oder Nath Seeds aus Indien. Es gibt veränderte Tomaten, Paprika, Papaya. In verarbeiteten Lebensmitteln und als Tierfutter gelangt ein Teil der Ernte nach Europa.

Nahe Bakersfield gibt es einen Farmer, der zwölftausend

Milchkühe und Tausende Hektar Maisfelder hat. Mike Danell spricht, als habe er sich mit den deutschen Milchbauern abgesprochen: Der Milchpreis sei zu niedrig. Überproduktion. Trotz des Exports nach China, das aus der ganzen Welt Milch und Fleisch kauft (wie sogar den weltgrößten amerikanischen Schlachtkonzern Smithfield Foods). Der Farmer sieht aus wie ein goldlockiger Ölbonze aus einer Achtziger-Jahre-Serie. «Unser Mais? Na klar ist der genverändert. Das ist hier längst kein Thema mehr», sagt er: Die Ernten besser, die Kosten geringer, weil er für die Genpflanzen, die eingezüchtete Resistenzen enthalten, ein Drittel weniger Pestizide kaufen müsse.

So wie er sagen es viele. Das ist wohl auch die ganze Wahrheit: Die Farmer kaufen ihr Saatgut von Monsanto, weil ihnen dann am Ende des Jahres deutlich mehr Geld auf dem Konto bleibt. Es gibt kein Monopol und keinen Zwang, außer den Lust auf Gewinn. Diese Geschichte, die hier alle Farmer erzählen, kommt banalerweise ohne politischen Filz und Welteroberungsprosa aus. Nicht mal die Mehrheit der Bevölkerung lehnt das Genfood ab. Selbst in Kalifornien, dem Staat der reichen Rentner und landentfremdeten Interneteliten, entschied sich die Bevölkerung in einer Abstimmung dagegen, dass genveränderte Lebensmittel gekennzeichnet werden müssen. Erst sah es zwar so aus, als gebe es eine Mehrheit. Die Stimmung kippte, als die Wirtschaft behauptete, ein Ja werde die Lebensmittel deutlich verteuern.

Auch in Nebraska, im Mittleren Westen Amerikas, ist es trocken. Brauner Soja auf weitem Feld. Aber gute Ernte, dreizehn Tonnen je Hektar, erzählen die Farmer John und Mike Weber, zwei kräftige Brüder. Die Soja, die hier wächst, ist die Sorte Pioneer 92Y83, resistent gegen den Kapselwurm. Dessen sofortigen Tod nach einem Biss in die Sojaschote verspricht der Hersteller. Der Bauer muss weniger Insektizide kaufen und sein Feld seltener spritzen. So kommt die Landwirtschaft mit deutlich weniger fossilen Rohstoffen aus. Der Kapselwurm stirbt – noch. Denn irgendwann wird sich eine gegen das in die Pflanze eingekreuzte Gift resistente Mutation bilden und durchsetzen. Nur so lange profitieren die Farmer. Danach ist Pioneer 92Y83 wertlos, und die Industrie muss eine neue Pflanze erfinden.

Man kann lange suchen, bis man hier einen Bauern oder Landarbeiter findet, der ein schlechtes Wort über die genveränderten Pflanzen sagt. Doch diese Männer, John und Mike Weber, sind anders. Die Soja-Farmer sind skeptisch, ob ein solcher Wettlauf, Technik gegen Natur, zu gewinnen ist. Mike sagt, auch auf seinen Mais- und Sojafeldern beobachte er, dass schon mehr Unkräuter resistent seien gegen das Herbizid Glyphosat, das seit etwa vierzig Jahren im Einsatz ist. Der Kapselwurm stirbt zwar noch zuverlässig – aber in nahen Bundesstaaten oder in Entwicklungsländern wie Peru sind erste Schädlinge widerständig, so auch der Maiswurzelbohrer in Iowa. Mike ist das nicht geheuer. «Die Wissenschaftler sagen, wir werden viel mehr Resistenzen bekommen. Wer weiß, wie spätere Generationen über uns urteilen.» Aber die Gentechnik vermehrt auch ihren Kontostand, und deswegen gibt es für John und Mike keinen Zweifel daran, mitzumachen. «Wir sparen ein Drittel der Pestizide», sagt Mike. «Unterm Strich sparen wir zehn Prozent der Kosten.» Möglich wäre es, einen anderen Weg zu gehen. Problemlos könne man konventionelles Saatgut kaufen. Das aber machen nur wenige Öko-Idealisten und Farmer, die für Non-GVO-Labels produzieren.

Der Unternehmensberater Tray Thomas ist ein Mann der Gentech-Lobby der ersten Stunde. Er glaubt an das Gute dieser Technologie und ist für unser Gespräch extra aus seiner Heimatstadt Salt Lake City nach San Francisco gereist. Tray kennt die Labore und Genkonzerne seit dem ersten Tag. Er hat die wirtschaftliche Erfolgsgeschichte des Monsanto-Konzerns bis heute begleitet und auch gut daran verdient. Thomas, ein glatzköpfiger Mann, leitet ein Beratungsunternehmen für die globale Agrarwirtschaft. Er erinnert sich daran, wie alles anfing vor mehr als zwanzig Jahren: mit Tomaten. Im Labor erhielten sie ein Festigkeitsgen. Fortan ließen sie sich besser transportieren, die Tomaten wurden nicht so schnell matschig, man musste sie nicht schon grün pflücken. Doch die Kunden kauften sie nicht. Sie sollen nicht gut geschmeckt haben, und Thomas meint, es habe auch an den Ängsten gelegen, die schon damals geschürt worden seien, als Greenpeace Kampagnen fuhr und die Illustrierte *Life* auf dem Titelblatt Bäume druckte, an denen Kühe wuchsen. «Ich meine, dass gerade die Halbgebildeten empfänglich sind für solche Angstmacherei – wirklich gebildete Leute nicht, die denken logisch.» Nur Emotionen sprächen gegen die Gentechnikpflanzen. Und die seien auch in Amerika mächtig. Thomas sagt: «In letzter Zeit schwindet nicht nur das Vertrauen in die Konzerne, sondern auch in die Fachbehörden, etwa das amerikanische Agrarministerium USDA. Man glaubt, wo es um viel Geld gehe, seien alle korrupt.» Neuerdings twittert auch Tray Thomas' Tochter, etwas rebellisch, Sätze wie diesen: «Monsanto tötet.»

Und auch die fortschrittsfreundlichen Wissenschaftler brauchen keine Wortgirlanden. Nahe San Francisco steht das Zentrum für Pflanzenforschung der Universität Davis. Wie üblich, wird das Zentrum teilweise von der Industrie finanziert. Monsanto stiftet Stipendien. Am Konferenztisch sitzt die wissenschaftliche Mannschaft, führende Forscher. Auch sie werden schnell emotional, wenn es um Gentechnik geht. Ein kurzes Protokoll unseres langen Gesprächs:

Eduardo Blumwald, Professor für Zellbiologie: «Es wurde jetzt eine Generation mit GVO ernährt. Wie viele wurden davon krank? Nicht einer. Ihr Europäer glaubt, ihr seid schlauer. Ja, ja: die dummen Amerikaner! Ach was: Eure Chemieindustrie ist mächtig. Die will keine GVO, denn die schadet dem Geschäft.»

Alan Bennett, Professor für Pflanzenforschung: «Ihr Europäer belehrt uns immer bezüglich des Klimawandels: Amerikaner, hört endlich auf die Wissenschaft! Und wenn es um GVO geht, hört ihr selbst nicht auf die Wissenschaft. Ich kenne keinen Wissenschaftler, der nicht für die Gentechnik wäre. Außer einem in Berkeley. Aber der ist kein Wissenschaftler.»

Kent Bradford, Direktor für Saatgut-Biotechnologie: «Greenpeace hat ein höheres Budget, als der amerikanische Staat für Forschung in der Pflanzengenetik ausgibt. Warum geben sie es bitte für Kampagnen aus? Warum nicht dafür, die Pflanzen zu verbessern? Die Erträge müssen steigen, sonst gibt es bald wieder mehr Hunger auf der Welt. Stattdessen zerstören die Aktivisten Felder.»

In einem Aufsatz schreibt Alan Bennett, was bald kommen werde: Pflanzen mit neuen Vitaminen, viele trockenresistente Züchtungen, genveränderte Fische. Die technische Entwicklung ist nicht aufzuhalten. Im Silicon Valley gibt es junge Unternehmen, die an der Dekonstruktion des Essens arbeiten. Sie stellen alles radikal in Frage: Wozu brauchen wir eigentlich Hühnereier, um an Eigelb zu kommen? Schon, wenn auch noch nicht günstig genug, wächst das Fleisch in Reagenzgläsern; und kaum ein Mensch, der sich in der Welt der Nahrungsindustrie auskennt und lange nach vorn blickt, würde nicht daran glauben, dass die nächsten Generationen sich zu einem erheblichen Teil aus tierischem Protein ernähren werden, das aus Insekten stammt. Das erspart ethische Debatten, ist energetisch an Effizienz nicht zu überbieten, und von Insekten wimmelt es gerade in den armen Ländern mit stark wachsender Bevölkerung. In der Zukunft leuchten ganz neue Errungenschaften auf wie Fleischersatz aus dem 3D-Drucker.

Josh Schonwald: *The Taste of Tomorrow*, New York 2012.

DIE BIOMASSE MACHT MUH:
WARUM DIE TOTALE INDUSTRIALISIERUNG
DES LANDES DROHT

These Achtzehn
Die Nahrungsindustrie wird in Zukunft auf begrenzter
Fläche mehr Rohstoffe liefern müssen, aus denen nicht
nur Nahrungsmittel werden. Darin liegt ein großes Risiko:
die totale Vereinnahmung allen Lebens als Ressource.

Kaum ein Mensch kennt den Begriff Bioökonomie. Dabei ver-
birgt sich dahinter das ambitionierteste wirtschaftliche Projekt der Zukunft. Bioökonomie heißt: Ersatz aller fossilen
Rohstoffe durch Biomasse. Wenn das Öl knapp würde, müssten Nahrung, Baustoffe, Plastik, Strom, Gas und Benzin aus
Pflanzen und Tieren produziert werden. Geerntet wird auf
dem Feld, im Wald, auf der Weide und im Meer. Mit landläu-
figen Vorstellungen von Bio hat das nichts mehr zu tun. Es ist
ein Projekt der Ingenieure. Optimiert wird die Ernährung von
Pflanze, Tier und Mensch, Effizienzdruck erfasst Kiefern und
Maden – ob mit oder ohne Gentechnik. Perfekte Stoffkreisläufe sind gefragt. Konzerne wie Monsanto, Chevron, BASF
und KWS stehen in den Startlöchern. Es werde notwendig
sein, Öl und Kohle durch Pflanzen zu ersetzen, heißt es – wor-
aus diese Idee folgen könnte: Alles, was lebt, ist ein Rohstoff.
  Man spricht von grüner, roter und weißer oder industrieller Biotechnologie – das heißt: die agrarische, medizinische
oder chemische Verwendung der nachwachsenden Rohstoffe.
Die Bundesregierung rief einen Bioökonomierat ein. In des-

sen Forschungsstrategie heißt es, biologische Systeme würden immer mehr «technisch» nutzbar sein, je mehr man in der Lage sein werde, die «Baupläne» biologischer Systeme zu verstehen. Von ökologischer Seite wird die Arbeit des Bioökonomierats kritisiert. Franz-Theo Gottwald nennt Bioökonomie einen «totalitären Ansatz». Er sieht darin die Unterwerfung allen Lebens unter die Maßgabe der Nutzbarkeit «im Sinne der Ingenieurskunst» – die «restlose kommerzielle Nutzung der Natur». Er hat recht – aber die Frage stellt sich, welche Alternativen es gibt. Denn die Abkehr vom Öl könnte heißen: die totale Industrialisierung der Landschaft. Einen Vorgeschmack liefern die Windräderlandschaften der Gegenwart.

Die «Rückkehr der Fläche» nennt dies der Energiehistoriker Rolf-Peter Sieferle von der Universität Sankt Gallen. Schon die Energiewende, die nur ein Teilprojekt der bioökonomischen Wende ist, führe zur Industrialisierung der Fläche, sagt er.

Herr Sieferle, halten Sie es für stimmig, zugleich eine Energie- und eine Agrarwende politisch und mit Subventionen zu forcieren, wie es die Grünen tun?

Da gibt es einen Zielkonflikt. Die angestrebte Energiewende zielt auf einen Abschied vom fossilen Energiesystem sowie von der Kernenergie ab. Stattdessen kommt nur ein technisch effizientes Solarenergiesystem in Frage. Solarenergiesysteme stehen aber vor dem prinzipiellen Problem, dass es zwar große Mengen an Sonnenenergie gibt, deren Energiedichte aber gering ist. Solarenergie muss konzentriert werden, um technisch nutzbar zu sein. Dazu braucht man große Flächen: Anbauflächen für Biomasse, überschwemmte Flächen für Wasserkraft, abgedeckte Flächen für Photovoltaik. Die Agrarwende hingegen zielt darauf, Landwirtschaft in geringerem Maße industriell zu betreiben. Es sollen weniger Pestizide oder fossile Brennstoffe eingesetzt werden. Das aber sind Flächenäquivalente. Der Flächenbedarf für die Landwirtschaft steigt. Der Druck auf die Fläche für energetische und landwirtschaftliche Nutzung nimmt gleichzeitig zu. Ich bin mir nicht sicher, ob sich alle über diesen Zielkonflikt im Klaren sind.

Sie sprechen von der «Rückkehr der Fläche». Was heißt das?
Der Übergang zum fossilen Energiesystem, der vor mehr als zweihundert Jahren begann, war mit einem Ende der Fläche verbunden. Das neue Energiesystem emanzipierte sich von den Restriktionen des alten, agrarischen Solarenergiesystems. Dieses hatte darauf beruht, Energie von Flächen einzusammeln. Dazu benötigte man Brennstoffflächen, also Wald sowie Wiesen und Weiden für Arbeitstiere und Nahrungsanbauflächen. Mit der Industrialisierung konnte man nun auf den «unterirdischen Wald» fossiler Energieträger zurückgreifen, so dass der Druck auf die Fläche abnahm. Brennstoffflächen wurden durch Kohle und Erdgas, Treibstoffflächen durch Mineralöl ersetzt. Man benötigte nur noch Nahrungsflächen, und große Flächen wurden für andere Nutzungen frei, zum Beispiel für den Naturschutz. Mit der Energiewende erleben wir eine Rückkehr der Fläche.

Was sich in steigenden Pachtpreisen für Ackerland zeigt.
Ja, hier entsteht ein neuartiger Konflikt zwischen alternativen Energien, Nahrungsproduktion und auch dem Landschaftsschutz. Es mag sein, dass die Industrialisierung der Landschaft erst jetzt vollzogen wird, mehr als zweihundert Jahre nach Beginn der Industrialisierung, da man es sich nicht mehr leisten kann, große Flächen aus der Nutzung herauszunehmen.

Sehen Sie beim Wähler oder in der Politik ein Bewusstsein für diese Fragen?

Die Zusammenhänge sind komplex und werden in der Öffentlichkeit kaum verstanden. Die Landwirtschaft, wie wir sie heute kennen, ist ein Produkt der fossil-energetischen Ära. Es ist nicht einfach, sie durch ein anderes Agrarsystem zu ersetzen. Immerhin ist es gelungen, eine um das Zehnfache gewachsene Weltbevölkerung besser zu ernähren. Allerdings hängt diese Landwirtschaft am Tropf fossiler Energieträger.

Wie könnte Landwirtschaft in der post-fossilen Industriegesellschaft aussehen?

Wenn wir uns diese als solar vorstellen, so gelten für sie wieder dieselben Restriktionen wie vor zweihundert Jahren. Allerdings gibt es ja Innovationen. Windkraft und Photovoltaik werden neuartige Beiträge leisten.

Viele Wähler wünschen sich zugleich mehr Artenvielfalt, einen Chemieverzicht, extensive Landwirtschaft, Naturparks und Tierhaltung in Kleingruppen. Ist das – alles zusammen – realistisch?

Wenn die Grunddiagnose stimmt, dass wir angesichts der Energiewende vor einer Rückkehr der Fläche stehen, dann wird es eine solche romantische Landwirtschaft oder Landschaft in Zukunft nicht mehr geben. Und mit Formen der Nahrungsproduktion, die Methoden der traditionellen Landwirtschaft imitieren, kann man nicht zehn Milliarden Menschen ernähren.

Franz-Theo Gottwald, Anita Krätzer: *Irrweg Bioökonomie*, Frankfurt 2014.
Rolf Peter Sieferle: *Der unterirdische Wald*, München 1982.

KREISLAUFWIRTSCHAFT: DAS EWIGE LEBEN

These Neunzehn
Die Wegwerf- muss zu einer Kreislaufwirtschaft werden.

Ein Haufen Mist liegt vor dem Amtssitz von Herrn Mohn. Der gereinigte Klärschlamm wartet auf Abtransport. Obwohl es Februar ist, grünt es auf dem Misthaufen. «Tomaten», sagt Ralph-Edgar Mohn. «Ihre Kerne überstehen den Darmtrakt des Menschen.» Vor dem Klärwerk der Stadt Offenburg im Südwesten Deutschlands keimt es auch deshalb, weil dieser Misthaufen voller Nährstoffe ist: Stickstoff, Phosphor. Die essen die Leute mit dem Gemüse und Obst und scheiden sie dann wieder aus. Gerade Phosphor, das als Erz abgebaut wird und, je nach Schätzung, in achtzig oder spätestens dreihundert Jahren ausgebeutet sein soll, ist wertvoll und fließt aus den Klärwerken der zivilisierten Welt direkt in die Flüsse und Meere. Dort nützt es nur noch den Algen. Ein wertvoller Stoff wird zu Müll.

Ralph-Edgar Mohn will es ändern. Der Chef des Abwasserzweckverbands Offenburg leitet ein Versuchsprojekt, das die grün-rote Landesregierung zu einer Überlebensfrage der Menschheit stilisiert. Entweder – oder. Entweder, wir schließen die Nährstoffkreisläufe, oder es gibt keine Zukunft. Um Phosphor könnte es Kriege geben. Das Erz wird in Afrika oder Asien gewonnen, in Europa gibt es keine Vorkommen. Dabei braucht es jede Pflanze, jeder Mensch, es ist essentiell für Tomaten und die Welternährung. Wenige Gramm scheidet ein Mensch am Tag aus. «Die Hälfte unseres Phosphorbedarfs könnte über das Abwasser gedeckt werden», sagt Mohn. Offenburg will das Phosphor aus den Fäkalien seiner Einwohner wiedergewinnen und es auf die Felder bringen, als Dünger.

Seitdem der Mensch Rohstoffe wie Erze, Kohle, Öl und Gas aus der Erde holt, wachsen die Müllberge. Die Ressourcen sind die Triebkräfte des Fortschritts und Wohlstands, aber Müll hatte es vorher nicht gegeben. Es gibt kein Zurück mehr. Aber vielleicht kann man in Zukunft alles besser machen.

Volker Preyl, Doktorand der Universität Stuttgart, hat die Offenburger Anlage mit entworfen. Mit beigen Plastikwänden steht die Anlage am Rand des Klärwerks. Durch Metallkessel läuft eine braune Suppe, Preyl gibt per Hand Magnesiumpulver hinzu. Nach vielen Stunden und der Beigabe von Zitronen- und Schwefelsäure, Energie, Wasser, Plastik kommt letztlich ein schwarzer Schlamm heraus, und wenn er getrocknet ist, kommt «MAP» zum Vorschein, Magnesium-Ammonium-Phosphat, guter Dünger. Ähnliche Versuche laufen an vielen Orten, etwa in der Schweiz, und auch die Berliner oder Hamburger Wasserbetriebe gewinnen Phosphor aus Abwasser zurück. In Amerika gibt es schon ein Unternehmen, Ostara, das wiedergewonnenes Phosphor verkauft.

Klärschlamm enthält auch schädlichen Müll. Im Wasser sind etwa Weichmacher aus Waschmitteln oder Hormone aus Arzneimitteln, Viagra und Östrogene, oder mikroskopisch kleine Abfälle wie die Fussel von Fleece-Pullovern, winzige Plastikteile. Die Weltmeere und die Flüsse sind voll davon, was die Wiederverwertung erschwert. Das Plastik treibt am Ende jahrhundertelang im Meer herum oder wird von arglosen Muscheln gegessen, und einige wenige davon wieder von arglosen Menschen.

Mit diesem Plastik geriet Oskar Edler von Schickh, argloser Hobbytaucher aus Bremen, erstmals während eines Südsee-

Urlaubs vor einigen Jahren unangenehm in Berührung. Unter Wasser, irgendwo im Pazifik, stieß der Fondsmanager auf einen Plastikmüllteppich. Von Schickh, damals Anfang vierzig, erschrak über das, was er sah: «Das Meer war eine Mülljauche», erzählt er, «und die Fische versuchten, Plastiktüten von Wal-Mart und den anderen Abfall zu fressen.» Fünf sogenannte Müllwirbel gibt es in den Weltmeeren. Die Strömungen treiben Plastikabfälle dorthin zusammen. Seevögel fressen den Müll und verenden; Insekten legen ihre Eier auf dem Treibgut ab und vermehren sich wie nie zuvor. Oskar Edler von Schickhs gruseliges Südsee-Erlebnis jedenfalls inspirierte ihn zum Weltretten und Geldverdienen. Aus dem Plastik, das die Meere überschwemmt, müsse sich doch etwas Wertvolles machen lassen, dachte er und kam auf Erdöl. Er suchte nach Ingenieuren, die Anlagen entwerfen können, in denen aus Plastikmüll wertvolles Diesel oder Kerosin wird. Er lernte einen Schwaben kennen, der dies kann, legte einen Investmentfonds auf und sammelte bislang mehr als zwölf Millionen Euro ein. Nun haben Eberhard Nill, der Schwabe, und von Schickh in Mannheim mit dem Bau begonnen. Die Pilotanlage entsteht am Neckarufer in einem Industriegebiet nahe der Rheinmündung. Die Nachfrage nach dem Öl sei groß, und den Rohstoff, Plastikmüll, gebe es in der Region zigfach mehr, als ihn die Anlage verarbeiten könne, hoffen sie.

Oder wollen wir wieder so leben, dass es gar keinen Abfall gibt? Als Prophet gilt ökologisch inspirierten Kreisen der Österreicher Sepp Holzer, der «Agrar-Rebell» genannt wird. Er erfand das Wort «Permakultur»: Landwirtschaft in total geschlossenen Kreisläufen. Das Modell Gottfried, aber in größerem Maßstab und gesellschaftlich anschlussfähiger. Abfälle und Fäkalien werden kompostiert und als Dünger genutzt. Hier gibt es keine Schadstoffe. Konsequent weitergedacht aber auch keine Fabriken, kein Plastik, keine Medizingeräte nach heutigem Standard.

Praktikabler erscheint, was Michael Braungart, Professor in Lüneburg und Rotterdam, vorschlägt. «Cradle to Cradle» oder kurz «C2C» heißt sein Konzept, von der Wiege bis zur Wiege: geschlossene Stoffkreisläufe in allen Bereichen. Er will alle Stoffe in biologische und technische Kreisläufe trennen. Was sich abnutzt, in der Erde, im Meer oder in der menschlichen Lunge verbleibt, solle abbau- und essbar sein. Etwa sollen Autoreifen, Kinderspielzeug, technische Komponenten so zerlegbar sein, dass alle Einzelteile neu verbaut werden können. Stabilo hat schon essbare Buntstifte nach diesem Konzept entworfen, es gibt essbare Flugzeugsitzbezüge und zertifizierte Bürostühle. Puma wollte einen kompostierbaren Turnschuh auf den Markt bringen und bis 2020 die ganze Produktion auf C2C umstellen, ehe es sich der neue Vorstand anders überlegte. Braungart lässt sich davon nicht bremsen und will nicht weniger erreichen als eine «neue industrielle Revolution». «Alles», sagte er, müssten wir «konsequent in Nährstoffen denken». Die Ameisen hätten auf der Welt eine vielfach so große Biomasse wie die Menschen. Ihr Überleben stelle aber niemand in Frage wegen Ressourcenknappheit, Klimawandel oder so. Denn sie haben keinen Müll. Braungart hat Fans auf der ganzen Welt, in Amerika und China verkaufte er Millionen Bücher. Er will intelligente Verschwendung statt Verzicht: «Wir müssen unseren ökologischen Fußabdruck feiern.» Braungart nennt manchen grünen Deutschen eine Gefahr für seine Ideen. Sie betrieben ökologisches Schuldmanagement, statt Innovation zu unterstützen. «Wir müssen uns aber nicht dafür entschuldigen, dass wir existieren.»

Michael Braungart, Willian Mc Donough: *Intelligente Verschwendung*, München 2014.

KOCHEN MIT KREISLAUFWIRTSCHAFT

These Zwanzig
Die Nahrungsindustrie kann von der Sparsamkeit des
schwäbischen Hausmanns viel lernen.

Der Physikprofessor Thomas Vilgis von der Universität Mainz
kocht sehr gern mit Resten. Fischgräten, Schrumpelgemüse –
alles hat noch seine Bestimmung.
Herr Vilgis, Sie sind Physikprofessor – und Experte für das
Kochen mit Resten. Wieso dies?
   Ich bin in der Schwäbischen Alb in wenig üppigen Ver-
   hältnissen aufgewachsen. Es galt damals, alles vom Tier zu
   verwerten, was zu verwerten ist. Wir lernten Achtung vor
   Lebensmitteln.
Ach so, Sie sind Schwabe.
   Nun, wir mussten eben sparsam sein. Mein Großvater
   schlachtete manchmal ein Schwein. Er lehrte mich, jedes
   Teil davon zu verwerten, wenn es schon sterben muss.
   Wir haben den Kopf ausgekocht, den Schwanz, die
   Muskeln.
So macht es ja heute jede Wurstfabrik – Reste in die Wurst.
   Ja. Aber die Leute ekeln sich, wenn sie das hören. Daher
   ärgert es mich etwa, wenn wir von Schlachtabfällen reden.
   Teilweise nennen wir schon Innereien so. Das sind aber
   Köstlichkeiten!
Sie empören sich.
   Ja.
Was gab's denn zum Beispiel gestern bei Ihnen?

Weißwurst. Ich habe sie in einer Brühe aus selbstgetrocknetem Gemüsepulver gekocht. In der Wurstbrühe habe ich später Linsen eingeweicht und gekocht. Wir kochen bäuerlich – das heißt, häufig mit den Resten der Vortage.

Was machen Sie mit schrumpligem Gemüse?

Klein hacken und im Ofen trocknen. Das gibt Würzpulver für Soßen, ein schönes Streugewürz. Kohlrabi-Stiele kann man zum Beispiel frittieren.

Wohin, ferner, mit altem Obst?

Obstpüree machen. Hoch erhitzen und ins sterile Schraubglas füllen, für Joghurts oder als Dessertkomponente.

Haben Sie Vorräte?

Ja, viele. Ich würde auch nie eine Tomate oder Erdbeere im Winter kaufen. Auch Kochwasser von Fleisch oder Gemüse werfe ich nicht weg, sondern fülle es heiß in Gläser. Hält ewig und ist die beste Saucengrundlage.

Was lässt sich mit Innereien anstellen?

Sehr köstlich sind Nieren mit Granatapfelkernen. Oder Bries vom Kalb. Mägen mögen wir längst nicht mehr, in Frankreich sind sie ein königlicher Genuss. Knochenmark mit Trüffeln geben köstliche Pralinen. Außen knusprig, innen schön wabbelig. Hirn ist immer gut: gebacken, frittiert.

Sie verwenden auch sicher nicht dieses schreckliche Glutamat.

Ach was, Glutamat ist ganz natürlich, es ist in jeder Rinder- und Hühnersuppe drin, die wir kochen. Selbst im Weizenprotein ist es vorhanden. Ich habe nichts gegen Glutamat, auch nicht im China-Imbiss. Dort werden Gerichte kurz gegart, deswegen wird weniger natürliches Glutamat aus den Lebensmitteln freigesetzt, und sie geben eben etwas hinzu.

Was gibt ein Fisch her?

Aus den Innereien und Gräten kochen Sie einen Fond. Das Fleisch von den Gräten pürieren Sie und mischen dies mit Sahne – ein herrlicher Fischschaum. Und die Schuppen kann man frittieren, salzen, dann haben Sie ein wunderschönes Knusperelement. Dann haben wir den Fisch dekonstruiert.

Was Sie sagen, wusste früher jeder Bauer, auch wenn er vom postmodernen Dekonstruktivismus nichts hielt. Wieso ist das Wissen verschwunden?

Wegen der Verstädterung unseres Lebensstils. Aber auch wegen der vielen Diät- und Ernährungsexperten. Sie sagen: «Dies macht krank, das macht Krebs, das schadet dem Herzen.» Der Konsument traut sich am Ende nur noch, magere Hühnerbrust und Hochglanzäpfel zu essen. Die vielen Ratgeber verunsichern. Es kommt auf das rechte Maß an.

Thomas Vilgis: *Die Molekül-Küche*, Stuttgart 2013.

DIE ZUKUNFT MUSS
IN DER VERSÖHNUNG VON INDUSTRIE
UND NATUR LIEGEN

These Einundzwanzig
Die Nahrungsindustrie muss sich neu erfinden, indem sie
die klügsten Ideen aus Bio und Industrielandwirtschaft
miteinander kombiniert. Technik und Ressourceneffizienz
sind nicht das Problem, sondern Teile der Lösung.

Idylle, lebendige Natur – und die Industrie. Scheinbar sind
beide Welten unversöhnliche Gegensätze und driften stärker
auseinander, je weiter Technik und Globalisierung voran-
schreiten. Tatsächlich aber spricht vieles dafür, dass sich industrielle und ökologische Landwirtschaft in Zukunft anglei-
chen werden.

Für die Nahrungsindustrie werden ökologische Methoden
spätestens dann auch ohne Subventionen oder politische Ver-
bote interessant, wenn Dünger und Pestizide teurer werden.
Beide werden aus Erdöl hergestellt und damit in Zukunft
knapper und wahrscheinlich teurer, auch wenn die Schiefer-
gasförderung mittels Fracking zeitweise das Gas und Öl stark
verbilligte. Ökolandwirte geben schon heute Beispiele, wie sie
darauf verzichten, indem sie die Natur intelligenter nutzen.
Als Beispiel: den Wind. In der Nähe von Bremen hatte der
Demeter-Landwirt Heinrich Hartjens für seinen Kartoffelan-
bau eine simple Idee. Der Wind weht auf seinen Feldern meist
von West nach Ost – und seit er die Pflanzenreihen parallel
zum Wind pflanzt, hat er weniger Probleme mit Insekten, die

die Pflanzen fressen. Der Wind vertreibt sie. Er kommt ohne Pestizide zurecht. Junge, studierte und spezialisierte Landwirte kämen vielleicht gar nicht auf eine so simple Idee. Dabei ist sie uralt: Im Weinbau ist es seit jeher üblich, Rebstöcke so zu setzen, dass Wind die Insekten vertreibt.

In Zukunft könnten Wind, Marienkäfer und Regenwurm die Neuerungen bringen – nicht nur der romantisch, sondern auch der technisch motivierten Landwirtschaft. Käfer fressen Blattläuse. Würmer bessern die Böden auf. Der Landwirt braucht in beiden Fällen weniger Insektizide und Dünger. Wenn Käfer und Läuse günstiger werden als Chemikalien, werden Landwirte sie aussetzen und schonen.

Noch ist es anders. Marktstudien zufolge beträgt der Umsatz mit biologischen Pflanzenschutzmitteln in Deutschland weniger als ein Prozent dessen mit chemischen Mitteln. Die agrarischen Revolutionen dieser Jahre heißen Pflanzengentechnik oder Smart Farming: GPS-optimierte Traktoren, Vernetzung von Daten über Böden, Wind, Wetter, die optimale Saat und Düngung für jeden Quadratmeter. Auch diese Landwirtschaftstechniken sparen Pestizide, Dünger und Diesel ein. Big Data und das Internet der Dinge erhöhen die Ressourceneffizienz, in der Nahrungsindustrie wie in vielen anderen Industrien.

Die kommende Revolution aber könnte, ohne die technischen Bedingungen aufzuheben, sondern als Ergänzung, eine ökologische sein: Das Alte würde zur Innovation. Aber nicht das Alte in Summe, sondern nur das Alte, das mit modernen Techniken kompatibel ist und sich mit dem Ressourceneffizienzgewinnstreben verträgt. En Passant brächte es mehr Vielfalt und Schönheit.

Wenn der Ökobauer Felix Prinz zu Löwenstein von seinen Zukunftsvorstellungen spricht, lässt er an der Gegenwart kein gutes Haar. Landwirte würden Böden behandeln, als seien sie Steinwolle, sagt der Landwirt auf altem Familienhof im Odenwald, der auch Vorsitzender des Bunds ökologische Lebensmittelwirtschaft ist. Mit viel künstlicher Düngung würde auch auf Steinwolle Getreide wachsen. Löwenstein beschreibt die moderne Landwirtschaft als «Input-Intensivierung». Von der Zukunft erwartet er eine Innovativität, die er «ökologische Intensivierung» nennt. Diese müsste durchaus nicht sozialromantischen Vorstellungen entsprechen. Man kann sie sich auf riesigen Ackerflächen vorstellen, hochtechnisiert und für internationale Märkte produzierend. Löwenstein spricht von einer «Intensivierung biologischer Prozesse». Denn Böden sind nicht wie eine Fabrikhalle zu betrachten, sondern sie leben: Kleinorganismen und Regenwürmer lockern ihn auf und zersetzen Pflanzenabfälle in Nährstoffe. Je mehr Leben im Boden ist, desto besser bleiben Wasser und Stickstoff in ihm – und die Bauern müssen weniger Stickstoffdünger ausbringen, der wiederum den Kleintieren viel mehr schadet als die heute für sie meist verträglichen Pestizide.

Darin gibt es zum Beispiel auch die Pilzwurzelgeflechte, Mykorrhiza: Sie kommen seit etwas mehr als vierhundert Millionen Jahren in jedem natürlichen Boden vor, wurden aber durch die Intensivbewirtschaftung der vergangenen Jahrzehnte auf den Äckern dezimiert. Jedes Pflügen zerreißt die unterirdischen Pilzwurzeln. Die moderne Landwirtschaft sei «regelrecht mykorrhizafeindlich», sagt der Forscher Thomas Fester vom Helmholtz-Zentrum für Umweltforschung. Fehlen die Pilze, müssen die Landwirte mehr Dünger aufs Feld bringen, damit die Pflanzen trotzdem wachsen. Die Geflechte sind Lieferanten der Pflanze; sie fügen den Wurzeln Nährstoffe wie Phosphor und Stickstoff zu, die sie allein nicht erreichen kann. Davon profitiert der Pilz wie auch das Getreide. Es gelangt an Reservoire von Wasser und Phosphor, an die es mit seinen Wurzeln allein nicht heran käme. Über die Wurzel nimmt die Pflanze Nährstoffe wie Stickstoff oder Phosphor auf, vor allem Wasser. Die Mikrobiologie der Böden ist hochkomplex, ebenso wie die Wurzelgeflechte. Mykorrhiza können in Symbiose mit der Pflanzenwurzel und bestimmten Bodenbakterien die Nährstoffaufnahme und das Wachstum von etwa achtzig Prozent aller Pflanzen stark verbessern. Gibt es sie nicht, versickern viel Stickstoff und Phosphor einfach so im Boden. Die Herstellung von Stickstoff aus der Luft kostet sehr viel Energie. Daher wäre es eine gute Idee, wenn die Pflanze und der Boden so beschaffen wären, dass die Pflanze mehr Dünger aus der Erde aufnimmt. Der Bauer müsste dann weniger düngen, und die Ressourcen würden länger ausreichen.

In der Nähe von Basel in der Schweiz forscht der Agrarchemiekonzern Syngenta an biologisch-chemischen Synthesen für die Zukunft. Rund dreihundert Meter Wurzelwerk, heißt es hier im Pflanzenschutz-Forschungszentrum, habe ein Weizensprössling von wenigen Zentimetern Höhe. Die Pflanzeningenieure experimentieren: Man könne mittels Zucht oder im Labor flache Wurzeln in tiefe verwandeln.

Wenn Methoden der Industrie intelligenter angewandt würden, und nicht für den kurzfristigen Profit, könnten Natur und Naturwissenschaft in Zukunft in eine Landwirtschaft führen, die beides ist: biologischer und agrarindustriell. Sie wäre eine Synthese von althergebrachten biologischen Methoden und industriellen Innovationen. Sie wird sogar noch mehr wissenschaftliche Spezialisierung erfordern: für die Erforschung der Pilzgeflechte, der komplexen Beziehungen von Pflanzen, Böden und Nährstoffen. Forscher der schottischen Universität Aberdeen fanden erst kürzlich heraus, wie Pflanzen über die Pilzgeflechte und Wurzelsysteme miteinander und mit der Umwelt kommunizieren. Sie könnten einander vor Schädlingen warnen, Fressfeinde der Schädlinge anlocken, im Boden vorhandene Nährstoffe untereinander kooperativ aufteilen.

Ein anderes Beispiel für ökologische Inspirationen der Nahrungsindustrie sind Fruchtfolgen. Wachsen mehr verschiedene Pflanzenarten auf einer Fläche, so vermehren sich spezialisierte Schädlinge nicht so rasant wie in der Monokultur. Die gleiche Wirkung hat es, wenn ein Landwirt jedes Jahr andere Sorten anbaut. Der Saatgutindustriekonzern KWS testet schon Sortenmischungen: Statt der umstrittenen Mais-Monokulturen sollen Mais und Bohnen bunt durcheinanderwachsen. Die Bohnen könnten am Mais hochranken. Die Mischung sollte für den Boden, der von dem hungrigen und durstigen Mais schnell ausgezehrt wird, schonend sein. Denn Bohnen binden Stickstoff aus der Luft, der so auf natürliche Weise in den Boden gelangen kann. Ähnliche Wirkung hat es, wenn Landwirte als Zwischenfrucht Kleegras säen. Das machen auch manche konventionelle Bauern, sparen Stickstoffdünger und haben ein Schweinefutter, das Import-Soja ersetzt.

Die Industrie entdeckt den Ökolandbau als Inspirationsquelle. Winzige Fadenwürmer, sogenannte Nematoden, machen Schädlingen wie Schnecken, Rüsselkäfern oder Apfelwicklern den Garaus. Der Chemiekonzern BASF kaufte das amerikanische Unternehmen Becker Underwood für rund eine Milliarde Dollar. Es ist auf die Zucht von Nützlingen spezialisiert. Nematoden gibt es in Einheiten zu 50 Millionen, 250 Millionen oder 1,25 Milliarden Stück. Bioverbände wie Naturland erlauben sie zum Anbau. Wie auch ein altes, simples Mittel zum Schutz der Pflanzen gegen Milben, Kohlfliegen oder Blattläuse: Sojaöl.

Ein wichtiger Begriff aus der Ökolandwirtschaft ist die Resilienz. Das ist die natürliche Widerstandsfähigkeit von Pflanzen oder Ökosystemen gegen Regen, Trockenheit, Schädlingsbefall. Je mehr Vielfalt – Pflanzenarten, Sorten, Insekten, Mikroorganismen auf einer Fläche –, desto resilienter ist das Agrarökosystem.

An der Universität Göttingen forscht Teja Tscharntke über Agrarökosysteme. Er war zuletzt Koautor einer Studie über den Nutzen von Bienen, die in *Science* erschien. Wildbienen, fand er heraus, hätten demnach als Bestäuber von Pflanzen großen Einfluss auf die Ernten. So ist es wichtig, dass ihnen Lebensraum bleibt. Weil sie, ökonomisch formuliert, ein öffentliches Gut sind, besteht das Problem, dass sie allen Landwirten nützen, aber niemand ihnen Lebensraum schafft – ein Argument für Streifen am Feldrand mit Wildblumen und Gras oder Hecken, wie sie die neueste EU-Agrarreform (mit vielen Kompromissen an die Nahrungsindustrie) förderte. Tscharntkes Forscherteam konnte auch zeigen, dass Ameisen die Kakao-Ernten erhöhen oder dass Bienenvorkommen Erdbeeren süßer, roter und haltbarer machen. «Das Denken in Systemen, etwa mit längeren Fruchtfolgen, ist vielen Landwirten zu kompliziert. Die traditionelle Orientierung lautet eher: ‹Wer hat die dickste Kartoffel?›», sagt Tscharntke. Auch er glaubt, dass die Landwirtschaft künftig ganz anders aussehen wird, wenn die Kosten für Pflanzenschutz in die Höhe gehen. Viele geläufige Annahmen und Praktiken im Ökolandbau basierten aber auf Esoterik.

Nicht als Dogma, aber als Idee scheint es beachtenswert, was amerikanische Ökologen in einem «Ecomodernist Manifesto» formuliert haben und «Paradox der Modernisierung» nennen: Gerade Entfremdung von der Natur führe zur Möglichkeit, sie zu erhalten. Das ist abstrakt, aber ich sehe es nicht als Gegensatz zu den vorangegangenen Überlegungen. Erst die Abkehr vom Holz als Brennstoff habe Aufforstung ermöglicht: So seien achtzig Prozent von Neuengland heute bewaldet, am Ende des 19. Jahrhunderts seien dies nur fünfzig Prozent gewesen. Substitution von Holzbrennstoff durch Kohle machte es möglich. Der Landbedarf pro Kopf sei in vormodernen Gesellschaften viel höher gewesen als der heutige. Denn «Technologien, die es ermöglichen, die natürlichen ökologischen Ströme effizienter zu nutzen, bieten eine Chance, den menschlichen Einfluss auf die Biosphäre zu verringern», heißt es darin. Am Beispiel der Urbanisierung: «Städte beschleunigen und symbolisieren die Entkopplung der Menschheit von der Natur, aber sie gewähren den Menschen bessere Materialversorgung als die ländlichen Ökonomien und reduzieren die Umweltfolgen.» Jeder zweite Amerikaner lebte 1880 auf dem Land, heute weniger als zwei Prozent. Die Autoren nennen das vernünftigerweise einen Fortschritt.

Amy Stewart: Der Regenwurm ist immer der Gärtner,
München 2015.
Ecomodernist Manifesto, www.ecomodernism.org 2015.

EIN FAZIT AUS VIELEN SEHR
UNTERSCHIEDLICHEN BEOBACHTUNGEN

Die Industrie ist das Problem und die Lösung zugleich. Die Merkmale der Industrie, *Technisierung, Effizienzsteigerung, Standardisierung* und *Spezialisierung*, haben zu einer Verengung von Landwirtschaft geführt. Es ging ums Geld allein. Landwirtschaft sollte, wie es schon früher hieß, stattdessen «multifunktional» sein, also neben effizienter Produktion auch Landschaftspflege, Klimaschutz, Naturbewahrung und guten Umgang mit Tieren zum Ziel haben. Schon in diesen widersprüchlichen Anforderungen ist das Spannungsfeld aufgezeigt. Die *Standardisierung* geschah auf Kosten anderer Ziele, vor allem in der Tierzucht. Das sieht man aber den Produkten im Supermarkt nicht an. Das Problem bleibt, dass wichtige Informationen in der Regel nicht auf den Etiketten stehen: etwa darüber, wie die enthaltenen Nahrungsmittel produziert wurden. Eine Differenzierung nach den Produktionsbedingungen –Tierhaltung, Lieferkette, Erzeugern, und wieso nicht auch Impressionen der Landschaften – wären wichtig, wenn ein Markt durch Transparenz funktionieren soll, gerade im speziellen Fall der Landwirtschaft. Dann hätten Landwirte einen größeren Anreiz, sich nicht wie gewöhnliche Industrielle zu verhalten.

Die Ausnahmen, jenseits von Fairtrade- oder anderen Labels, mehren sich: Die Ketten Aldi und Rewe bieten zum Beispiel seit einiger Zeit eine konventionelle Milch aus regionaler Herkunft an. Die Märkte haben zunehmend Regale, in denen regionale oder handwerklich produzierte Lebensmittel von bäuerlichen Betrieben angeboten werden. Aber warum nicht auch Fleisch von freilebenden konventionellen Schweinen, Weizenmehl vom Feld am Rande der Schmetterlingswiese? Die Phantasie, mit der Produkte differenziert werden, könnte noch viel größer sein. Dann gäbe es viele Zwischenstufen: nicht nur billig und bio.

Auch die *Spezialisierung* in der Nahrungsindustrie hat in manchen Bereichen Grenzen erreicht. Der Begriff der multifunktionalen Landwirtschaft impliziert eine Verantwortung fürs «Ganze», zumindest für mehr als nur optimierte, hochspezialisierte Tier- oder Pflanzenaufzucht. Paradox gesagt: Die Bauern haben eine Teilverantwortung für alles.

Ein Beispiel: Ein Landwirt im Taunus säte am Feldrand schon lange, bevor es die Europäische Union zur Pflicht machte, Blumenstreifen. Er tat es, weil er der Natur und den Leuten im Dorf Schmetterlinge und schöne Blüten schenken wollte und es sich als «Industrielandwirt» leisten konnte. Auf die Idee solcher Großzügigkeiten gegenüber Land und Tieren, die eine angemessene Antwort auf ästhetische, aber auch ideelle Wünsche der Bürger sind, kommen die meisten nicht. Oder erst, wenn sie politisch gezwungen werden oder durch Subventionen dahin gedrängt, worüber sie dann sehr klagen.

Warum ist das so? Wieso sind die meisten darauf nicht gekommen? Es liegt daran, dass jeder Fachmann zum Fachidioten wird; jedenfalls wahrscheinlich. Im Fall des Ackerbauern ist das vielleicht der blinde Fleck, den er selbst nicht mehr erkennen kann: dass das, was er Acker nennt und als seine private Plantage empfindet, für die Nachbarn und Radfahrer auch ein bisschen Schmetterlingszuhause sein soll. Oder ein brasilianischer Bauer, der über fünfzehn Jahre in Monokultur Soja anpflanzt unter wachsendem Einsatz von Pestiziden wie Glyphosat: Er verliert den Blick dafür, dass dies nicht die gottgewollte Methode sein muss. Ihm fällt gar nicht mehr auf, dass das von außen seltsam aussehen könnte. Deswegen braucht er den Blick von außen. Dafür müsste er offen und dankbar sein – natürlich aber nicht für politische und zynische Moralkeulen, die ihm entgegenfliegen.

Die Industrie ist aber auch die Lösung, nicht nur das Problem. Technisierung und steigende Effizienz, nämlich Ressourceneffizienz, können Ökonomie und Ökologie versöhnen. Zum Beispiel Kreislaufwirtschaft, Tröpfchenbewässerung oder andere intelligente Methoden der ökologischen Intensivierung unter Einsatz von Nützlingen und unter Berücksichtigung des Ökosystems, also vor allem der Böden. Immer hat die Technik sich von der Natur inspirieren lassen. Denn auch sie kann effizient sein. Bienenvölker kennen keine Freizeit und keinen Genuss: Es geht nur um die Produktion und die Vermehrung. Davon unterscheidet sich der Mensch zumindest in seinen zivilisierten Momenten.

Künftig wird auch datenbasierte Vernetzung zur Ressourceneffizienz beitragen, wie in allen Bereichen des Lebens und der Wirtschaft. Nur eins wird sie nicht tun: immaterielle Werteansprüche durchsetzen. Das müssen die Menschen in der Nahrungsindustrie selber machen.

Spezialisierung bringt also strukturelle Blindheiten mit sich, die von außen korrigiert werden müssen. Trotzdem ist sie der Motor der wirtschaftlichen Entwicklung, die dem Menschen guttun, weil sie seine Freiheit und Kultur befördern. Eric Jones hat die Wirtschaftsgeschichte der Menschheit als eine von fortschreitender Arbeitsteilung und Spezialisierung erzählt. Und so könnte man es auch im Fall der Landwirte tun: Vor fünftausend Jahren wurden die Jäger und Sammler zu Ackerbauern, vor fünfzig Jahren wurde der Bauer zum Schweinehalter, vor dreißig Jahren zum Ferkelmäster, der die Jungtiere nach vier Wochen an den Schweinemäster liefern lässt. Es ist eine Produktionskette voller hochspezialisierter Fachleute. Adam Smith, der die Arbeitsteilung als den großen wirtschaftlichen Fortschrittsmotor ausgemacht hatte, täuschte sich vor mehr als hundertfünfzig Jahren, als er schrieb, anders als in anderen Wirtschaftszweigen sei in der Landwirtschaft eine weitverzweigte Arbeitsteilung unmöglich: «Man kann den Betrieb eines Viehzüchters nicht so von dem eines Getreidebauers absondern, wie das Handwerk eines Schmiedes gewöhnlich von dem eines Zimmermanns getrennt ist.» Man kann. Die große Essensanbaumaschine funktioniert und läuft rund. Unbeobachtet von den Kunden arbeiten daran mit: Hühnergenetiker, Sojazüchter, Ferkelmäster, Vertragsputenhalter, Maschinenlohnunternehmer, Pflanzenschutzberater, Getreidehändler, Hagelversicherungsvertreter, Pflanzengenetiker, Tierfutterchemiker, Maisanbauberater und Mähdrescheringenieure, und und und, sie besuchen Fachmessen, lesen Fachzeitschriften und wissen selbst kaum mehr voneinander, was der andere macht. Das System ist sehr erfolgreich – vielleicht auch daher die gelegentliche Aggressivität mancher seiner Gegner. Es ist womöglich fragil, aber steht nicht als Ganzes zur Debatte. Denn die Menschheit wächst schnell, und immer mehr müssen satt werden. Der Ackerboden wird kaum mehr, durch den Klimawandel an manchen Orten im Süden dramatisch weniger. Industrieller Fortschritt ist für viele Millionen deshalb lebensnotwendig. Durch die Industrialisierung steigen die Getreideernten auf der Welt seit Jahrzehnten, das zeigen die Daten der Vereinten Nationen, und die Zahl der Hungernden geht zurück – so dramatisch hoch sie immer noch ist. Zur Wahrheit gehört auch, dass gegenwärtig ökologisch produzierte Lebensmittel viel teurer sind als andere. Weil sie mehr Fläche zum Anbau brauchen, die Tiere mehr Platz und ein Leben haben. Zur Wahrheit gehört auch, dass trotz besten Images und Rückenwinds durch den landliebenden Zeitgeist der Marktanteil von Biofleisch in Deutschland bei weniger als zwei Prozent liegt, in Österreich und in der Schweiz nicht wesentlich darüber, und dass etwa die Hälfte der deutschen Bevölkerung über keinerlei Vermögen verfügt oder sogar Schulden hat. Mit anderen Worten: Sie leben von der Hand in den Mund, schon heute und in Zeiten des oft gescholtenen «Billigessens».

Aber der Blick auf die angenehmen Seiten der Industrie soll den auf die Schattenseiten nicht verdecken, und vor allem nicht die Phantasie. Die Nahrungsindustrie macht die Natur nützlich für den Menschen, aber verengt das Leben zum Produkt. Deshalb gelten für sie besondere Gesetze. Die Grenzen liegen darin, dass die Landwirte mit Tieren und Landschaften umgehen, die grundgesetzlichen Schutz genießen beziehungsweise öffentliche Güter sind. Deshalb soll die Nahrungsindustrie sich nicht der Natur unterwerfen, aber die positiven Besonderheiten der Natur respektieren und davon lernen: Verschwendung, Vielfalt, Leben, Wildnis, Symbiose. Durch einen einseitig ökonomischen Blick auf das Leben erscheint hingegen alles als *Ressource*, nicht nur Pflanzen und Tiere, sondern auch der Mensch. Das ist die große Gefahr des Megaprojekts Bioökonomie, des Ersatzes aller fossiler Brennstoffe durch Pflanzen und «tierische Rohstoffe». Es liegt in der Verantwortung der Nahrungsindustrie, das zu erkennen und zu berücksichtigen.

Die Landwirtschaft der Zukunft muss also intensiv und ökologisch zugleich sein. Sie wird auch innovativ und nicht restaurativ sein – eher der Insektenburger als das Sulmthaler Huhn von Ludwig Schweisfurth. Wer an die Zukunft des Essens denkt, kann auf ganz andere Bilder kommen als auf die alten Bilder von alten Hühnerrassen im Alpenvorland. Die Welternährungsbehörde der Vereinten Nationen FAO sieht zum Beispiel als wesentlichen Bestandteil unseres künftigen Speiseplans Fliegen, Termiten, Käfer und Maden an – alle seien reichlich vorhanden. Man muss sie nur ernten. Es sind exzellente Resteverwerter. Zwei Milliarden Menschen auf der Welt essen schon heute Insekten, meist in Ländern südlich der Sahara, in Mittelamerika und Asien. Tausendneunhundert essbare Arten zählt die FAO. Sie rät auch den noch nicht auf den Geschmack gekommenen fünf Milliarden Menschen dazu, mehr Insekten zu essen: Verbraucher und die Wirtschaft müssten nur über die Vorteile informiert werden. Es gibt viele: Die Heuschrecken- und Zikadenzucht erzeuge weniger Treibhausgase als die Viehhaltung, die Tiere brauchen weniger Land, Wasser und Futter als derzeit beliebtere Nutztiere wie Huhn oder Schwein. Um gleich viele Proteine zu erzeugen, benötige man bloß einen Hektar Land für die Mehlwurmerzeugung, rund zweieinhalb Hektar für Milch- oder zehn Hektar für Rindfleischerzeugung. Insekten sind oft trockenresistent, und sie könnten dem Ökosystem auf viele Weise dienen, bevor sie gegessen werden: als Kompostmüllverwerter, indem sie wie Bienen Pollen übertragen oder, wie Ameisen, organische Abfälle wegschaffen. Von einer Grille seien achtzig Prozent essbar, von einem Rind nur vierzig Prozent. Allerdings hat die Grille nicht so schönes Fell. Zur Erzeugung von Grillenfleisch braucht man noch viel weniger Futter als für das Huhn. Überzeugend – wenn es auch noch schmeckt.

Die Niederlande gelten schon heute als führend in der Herstellung von Insektenmehl als Fischfutter, das das teure Mehl aus Meeresfisch ersetzen soll. Künftig werde die Insektenerzeugung «in industriellen Einheiten» erfolgen, spekuliert die

FAO. Nur vom Verzehr des Eichenprozessionsspinners rät sie ab. Der führe zu Hautreizungen.

Als Zukunftstrend gilt, allerdings auch schon seit vielen Jahren, das individualisierte Essen, das sozusagen unter Mitwirkung des Smartphones zubereitet wird: auf Basis der Daten über unseren Kalorienverbrauch, Puls, Blutwerte, der erwarteten Temperaturen in der Nacht. Das Fleisch könnte im Reagenzglas wachsen, der Fisch eine Etage unter den Tomaten im urbanen Hochhaus; all das ist traumhaft ressourceneffizient und wird schon in Modellprojekten umgesetzt. Zukünftig könnte ein Teil der Ernährung in solchen geschlossenen Kreisläufen liegen, in Big Data und urbaner Landwirtschaft. Besonders in einer Welt mit stark wachsender Bevölkerung. Auch an einem automatischen Melkroboter, den es schon in vielen Ställen gibt, ist nichts schlecht.

Industrie ist nicht böse. Eine Vereinfachung auf Schemata wie «böse Industrie» oder «guter Ökoanbau» wird der Komplexität der Anforderungen an die Nahrungsindustrie nicht gerecht und führt nur zu Hysterien und im Extremfall sogar zum Diskursausschluss bestimmter Positionen, wovon die Geschichte der Putenministerin vielleicht eine Ahnung vermittelte. Der Soziologe Niklas Luhmann hat beschrieben, dass sich die moderne Gesellschaft in viele «Systeme» zergliedert. Im Fall der Nahrungsindustrie: Die einen machen satt, die anderen sorgen sich um Tiere, wieder andere um Vergiftungen, die nächsten um ausufernde Konzernmacht, weitere um Profite. Das große Ganze zu sehen überfordert *alle* (und andererseits ist es eben ein Bedürfnis und notwendig, dass die Leute darum bemüht sind). Luhmann schreibt sinngemäß, total moralisches Handeln könne es in unserer modernen Welt gar nicht geben. Zum Beispiel ist es *möglich*, dass Konzerne nach Macht und Geld streben – und beiläufig den Hunger in armen Ländern verringern. Und dass Utopien einer Welt ohne Profite und totale «Allgemeinwohlorientierung» in eine Welt führen, in der es Mangel gibt, Überwachung und Unfreiheit; die Geschichte des Sozialismus hat es gezeigt. Es wäre auch vorstellbar, dass die Politik Gesetze für den Tierschutz macht – und damit das Sterben kleiner Bauernhöfe beschleunigt, die sie im Sinne der agrarischen Vielfalt erhalten will. Oder dass Staaten Milliarden in die Entwicklungshilfe geben, und damit die Empfänger abhängig machen und jede weitere Entwicklung, etwa der Landwirtschaft, blockieren. Das Gutgemeinte wirkt *nicht immer* gut, und niedere Motive *können* positive Wirkungen entfalten. Moralisierung, das Urteil a priori, verhindert manchmal den analytischen Blick auf die Komplexität der Welt. Das heißt nicht, dass moralische Einwände nicht berechtigt sein können. Es ist die große Kunst einer liberalen Haltung, Uneindeutigkeit zu ertragen, aber trotzdem nicht in Gleichgültigkeit zu verfallen.

In den Kontroversen über Essen und Landwirtschaft spiegeln sich auch ethische Umbrüche wider, religiöse Verluste, Kontroversen über den Kapitalismus, den Konzernkapitalismus – es ist kein Zufall, dass die Landwirtschaft nach der Weltfinanzkrise von 2008 in den Fokus der Öffentlichkeit rückte. Es geht immer auch um Moral, Freiheit, Emanzipation und Gemeinschaft. Eine Studie des Instituts Rheingold im Herbst 2015 auf Basis dutzender Tiefeninterviews mit Experten ergab, dass die Diskussion über Agrarpolitik emotionaler und persönlicher wird. Und der Ernährungspsychologe Christoph Klotter aus Fulda vertritt zum Beispiel die originelle These, ein Teil der veganen Bewegung projiziere «anti-bürgerliche» Befreiungsphantasien auf eine vom Fleisch befreite Ernährung, so wie sich einst linksradikale Studenten die Befreiung aus bürgerlichen Bindungen vom grenzenlosen Sex erhofften.

Und es geht um Entgrenzung und die moderne Arbeitswelt. In den Büchern der Publizisten, die eine radikale «Agrarwende» wollen, kommt das Wort Burnout und Kapitalismus bemerkenswert häufig vor, zum Beispiel bei Tanja Busse.

Aber die Auseinandersetzungen über Ökologie und Nahrungsindustrie gehen darüber hinaus: Sie drehen sich nicht vorwiegend um unmittelbare Beobachtungen, sondern Beobachtungen von Beobachtungen von Beobachtungen (Luhmann). Auch das zeigt die Geschichte von der Putenministerin. Zum Beispiel so: Ein Fachreferent der Partei weiß selbst genau, wie es in einem Schweinestall aussieht, er ist Agraringenieur, er kennt die Praxis und die Geschichte der Schweinewirtschaft. Er formuliert Thesen. Diese kommen im Wahlkampf pointiert und zugespitzt aus dem Mund des Parteivorsitzenden. Dann erscheinen sie auf dem Plakat. Zeitungen geben alles wieder und drehen noch an der dramaturgischen Schraube. Ein Professor für Tierethik liest die Texte und leitet daraus ethische Forderungen ab, ohne selbst je einen Tierstall von innen gesehen zu haben. Der Berliner Philosoph Bernd Ladwig sagte das im Interview mit der *Frankfurter Allgemeinen Sonntagszeitung* ganz ehrlich. Frage: «Waren Sie schon einmal in einem modernen Schweinestall?» Antwort: «Nein, da kommt man ja auch nicht ohne weiteres rein. Ich verlasse mich da auf Filme und andere Informationsquellen.» Sein Interview wird Gegenstand weiterer Texte. Im Internetforum oder bei Gesprächen geht das Stille-Post-Spiel weiter. Das hat mit der eigentlichen Beobachtung nichts mehr zu tun, sondern ist eine Melange aus Klischees, Vorurteilen, Ahnungen und der Wirklichkeit, die im abgeschlossenen Raum gärt. Pessimistisch gesehen: Es ist eine unheimliche Gefangenheit in Klischees, die mit dem Selbstbewusstsein einer vermeintlich aufgeklärten Position ins politische Gefecht zieht.

Die optimistische Sicht der Mediendemokratie, die ich vertreten will, sieht so aus: Diese Auseinandersetzungen geben der Nahrungsindustrie ein Gespür für die berechtigte Sehnsucht nach Werten, die die Bürger haben. Sie speist sich aus einer realen Traurigkeit, die mit der realen Industrie zu tun haben könnte. Deswegen: Die Bauern sollen sich der Kritik nicht verschließen.

Die Geschichte der Nahrungsideologisierung im Nationalsozialismus, wenngleich in dieser Form nahezu ausgestorben, zeigt die Gefahr der politischen Vereinnahmung. Und nicht alle Irrationalitäten sind verschwunden. Der Biologe Hubert Markl schrieb, es sei für ihn «mehr als erstaunlich, dass heute so viele meinen, Natur sei die gute Mutter, Chemie allenfalls die böse Stieftochter. Kaum ein Gegensatz beherrscht nämlich heute die öffentliche Diskussion über das Leben in der Industriezivilisation so oft und so nachhaltig wie der zwischen dem, was als ‹natürlich› (meist gleichgesetzt mit ‹ökologisch› oder ‹biologisch›) gilt, und dem, was als ‹künstlich-chemisch› angesehen wird.» Die Natur, meint Markl, mache uns aber keine Vorschriften, «welchen Gebrauch wir von ihren Gaben und Fähigkeiten machen wollen und machen dürfen». Als eine solche sieht er auch die Chemie. Es kommt nur darauf an, sie intelligent einzusetzen.

Der Großteil der Menschen ist existentiell abhängig von der Agrarindustrie. Sie leben davon. Vielleicht macht das auch Angst: Abhängigkeit von einem fremden und anfälligen Industriesystem. Das große Interesse am Bauern Gottfried spricht dafür. Viele täuschen sich über sich selbst. Den Großteil ihres Essens kaufen die Leute im Supermarkt, in der Kantine, im Bahnhof. Immer das, was die Agrarindustrie liefert. Doch viele nehmen ihr Essverhalten anders wahr. Der Kulturwissenschaftler Gunther Hirschfelder hat analysiert, wie verzerrt die Wahrnehmung ist: Wer sonntags gelegentlich ein Biohuhn isst und manchmal im Biomarkt einkauft, glaubt, er ernähre sich *überwiegend* biologisch. Das ist eine Illusion. Illusionen haben keine politische Relevanz.

Träume aber schon. Dieses Buch tritt dafür ein, dass sich der Blick der Landwirte auf das Leben weitet, aber auch der Blick des Verbrauchers auf die industrielle Realität. Daraus kann eine freundlichere Tierhaltung folgen, und eine neue Ästhetik von Höfen, Feldern und Ställen. Aber keine Revolution. Die Industrie muss Industrie bleiben. Sie kann allerhöchstens einen Teil ihrer Renditen dafür herschenken, um die Welt zu retten. So gesehen ist es auch nicht schlimm, wenn die Grundnahrungsmittel billig sind, sondern es ist gut. Denn wenn die Leute Geld übrig haben, können sie davon zum Beispiel teure, unter umweltfreundlichen Bedingungen hergestellte Lebensmittel kaufen, für die sonst nichts übrig wäre. Man kann und darf die Natur nicht *fundamental* vor der Industrie bewahren. Aber trotz der Industrialisierung muss die Natur für den Menschen bewahrt werden. Mit natürlichem Leben in Kontakt zu sein, tut allen gut. Vor allem deswegen dürfen wir Natur als gut empfinden. Sie kann anrührend sein. (Genauso, wie die Vernunft in Zeiten überschäumender Irrationalität.)

Richtig ist, was dem Menschen guttut. Darauf hat kein Dogma eine Antwort, sondern Urteile, die auf dem Denken, auf Erfahrung und einem Gespür basieren, das vielleicht vom Gewissen gewartet wird. Wenn Essen knapp ist, tut es eben gut, die Landwirtschaft zu industrialisieren, auch wenn dabei bedauernswerterweise einige Kartoffelkäfer zugrunde gehen. Wenn Naturvielfalt, freie Zeit und Freiheit bedroht sind, tut es den Menschen gut, die Räder der Industrie partiell und verantwortungsvoll zurückzudrehen.

Der frühere Biobauer Thomas Dosch sagte einmal, er sei Biohühnerhalter nicht deswegen, weil er «Anhänger einer Biokirche» sei oder «Natur als Perfektion» sehe, sondern «unter Berücksichtigung dessen, von dem ich annehme, was für das Huhn gut ist». Er hatte den Mut, «ich» zu sagen und nicht nur «man» und «muss» und «heute». Dosch sagte, er spreche nicht als Dogmatiker und Ethiker, sondern als Beobachter der Hühner auf seinem Hof. «Auch diese modernen Hühner, die wollen was», erzählte er: scharren, im Sand baden. Die liefen einen Kilometer am Tag herum, wenn sie könnten. In der konventionellen Haltung würden sie nach einem Tag in der Brüterei von ihrer Mama getrennt, bei ihm nicht. «Menschen würden Verhaltensstörungen bekommen.» Biobauer sein heiße für ihn: «Bio machen, weil man nicht anders kann – und am Ende will das jemand kaufen.» Das fand ich ausnehmend klug – selbstbewusst, auf Erfahrung, Gespür, Gewissen basierend und durch die Filter des Denkens nicht verworfen. Deshalb sehr vernünftig.

In der Großzügigkeit liegt der Schlüssel zur Versöhnung. Wenn sie großzügig ist, ausprobiert, in Bewegung ist und zweifelt, darf die Industrie viel Geld verdienen. Sonst müsste man sie irgendwann fragen, wofür sie es eigentlich tut.

Tanja Busse: *Die Wegwerfkuh*, München 2015.
Niklas Luhmann: *Ökologische Kommunikation*, Wiesbaden 2004.
Hubert Markl: «Chemie und Leben», in: *Merkur 647*, 2003.
Christoph Klotter: *Fragmente einer Sprache des Essens*, Heidelberg 2014.
«Die Moral gebietet, auf Fleisch zu verzichten», in: *Frankfurter Allgemeine Sonntagszeitung*, 5. Januar 2014.